校园足球生态研究

车树国 王 颖 著

吉林出版集团股份有限公司
全国百佳图书出版单位

图书在版编目（CIP）数据

校园足球生态研究/车树国，王颖著.--长春：吉林出版集团股份有限公司，2022.11
　　ISBN 978-7-5731-2776-1

Ⅰ.①校… Ⅱ.①车…②王… Ⅲ.①学校体育-足球运动-发展-研究-中国 Ⅳ.①G843.3

中国版本图书馆CIP数据核字(2022)第220841号

校园足球生态研究
XIAOYUAN ZUQIU SHENGTAI YANJIU

著　　者	车树国　王　颖
责任编辑	蔡大东
封面设计	李　伟
开　　本	710mm×1000mm　　1/16
字　　数	210千
印　　张	13.5
版　　次	2023年3月第1版
印　　次	2023年3月第1次印刷
印　　刷	天津和萱印刷有限公司

出　　版	吉林出版集团股份有限公司
发　　行	吉林出版集团股份有限公司
地　　址	吉林省长春市福祉大路5788号
邮　　编	130000
电　　话	0431-81629968
邮　　箱	11915286@qq.com
书　　号	ISBN 978-7-5731-2776-1
定　　价	81.00元

版权所有　翻印必究

作者简介

车树国（1974-），山东高唐人，沈阳师范大学体育科学学院讲师，硕士研究生，主要研究方向：体育教育与运动训练。

曾在国家级、省级学术期刊上发表过多篇学术论文，参与出版过多本学术著作，主持参与过多项省级课题，辽宁省省级精品资源共享课《足球》《网球》的主要建设者。

王颖（1978-），辽宁阜新人，沈阳师范大学体育科学学院讲师，硕士研究生，运动健将，研究方向：体育教育与运动训练。

曾在省级学术期刊上发表过多篇学术论文，参与过多项省级课题。

前　言

足球作为世界第一大运动项目，在我国有较好的群众基础。2004年国际足联确认现代足球运动起源于中国蹴鞠，作为足球运动的发源地，中国足球的实力目前还有很大不足，基于此，我国对于足球运动的改革要从青少年阶段入手。

校园足球是以学生为主体、教师为主导，以足球运动为主要内容的一种学校群体活动。足球运动可以提升学生的耐力、灵敏度、柔韧性，也可以调节学生的心态。在课余时间参加足球活动可以增强学生的体质，提高机体免疫力，使他们能有充沛的精力投入到生活学习中。足球运动可以教会他们勇于克服困难、敢于面对失败、树立团队意识。校园足球运动还给广大学生提供了展现自我的平台，校园足球活动能够让那些技术能力突出的学生找回自信与成功的喜悦。因此，足球课一直是学校体育课程中比较受重视的项目。

本书共包含九章。第一章为绪论，探讨了校园足球的出现与发展及校园足球生态概述，这一章为后续章节的展开起着重要的铺垫作用。第二章介绍了校园足球生态环境，包括校园足球的嵌套化社会环境、校园足球的规范环境、校园足球的自然环境以及校园足球与生态环境的关系。第三章的内容为校园足球生态结构，包括校园足球的育人结构、校园足球生态的教阶结构以及校园足球生态的系统结构。第四章就校园足球生态链进行了探究，包括校园足球管理链和校园足球人才链。第五章阐述了校园足球生态位，包括校园足球系统生态位、校园足球群体生态位和校园足球个体生态位。第六章就校园足球生态体系构建及其发展的基本原则进行了研究，包括校园足球生态系统结构研究、校园足球生态系统构建以及校园足球生态系统发展基本原则。第七章论述了校园足球的可持续发展，包括可持续发展理论概述、校园足球可持续发展的内涵、校园足球可持续发展的理念以及校园足球可持续发展的途径。第八章的内容为校园足球"学训矛盾"生态学分析，包括"学训矛盾"的生态危害、"学训矛盾"的生态学分析以及"学训矛盾"生态学解决。第九章分析了校园足球区域生态，包括辽宁法库县校园足球区域生态以及辽宁法库县校园足球生态个案。

本书理论观点清晰新颖，实践论述详尽实用，做到了理论与实践的有机结合。本书结构严谨合理，语言通俗易懂，便于读者阅读和理解。本书对教师的教学、学生的学习以及相关专业人士的研究来说，有着重要的借鉴意义和价值。

本书第1-5章由车树国撰写，6-9章由王颖撰写。在成书过程中，本书作者受到学院领导及同仁的大力支持和帮助，他们提供了很多资料、书籍以及有价值的观点和意见；此外，作者还参考了大量的文献和专著，并引用部分专家和学者的观点，在此一并表示感谢。由于写作水平有限，书中难免有疏漏和不妥之处，还望广大读者批评指正。

车树国　王颖

2022年5月

目 录

第一章　绪论……………………………………………………………… 1
　　第一节　校园足球的出现与发展………………………………………… 3
　　第二节　校园足球生态概述……………………………………………… 10

第二章　校园足球生态环境……………………………………………… 21
　　第一节　校园足球的嵌套化社会环境…………………………………… 23
　　第二节　校园足球的规范环境…………………………………………… 29
　　第三节　校园足球的自然环境…………………………………………… 33

第三章　校园足球生态结构……………………………………………… 37
　　第一节　校园足球的育人结构…………………………………………… 39
　　第二节　校园足球生态的教阶结构……………………………………… 52
　　第三节　校园足球生态的系统结构……………………………………… 57

第四章　校园足球生态链………………………………………………… 67
　　第一节　校园足球管理链………………………………………………… 69
　　第二节　校园足球人才链………………………………………………… 77

第五章　校园足球生态位………………………………………………… 85
　　第一节　校园足球系统生态位…………………………………………… 87
　　第二节　校园足球群体生态位…………………………………………… 95
　　第三节　校园足球个体生态位…………………………………………… 105

第六章　校园足球生态体系构建及其发展的基本原则 111
第一节　校园足球生态系统结构研究 113
第二节　校园足球生态系统构建 117
第三节　校园足球生态系统发展基本原则 121

第七章　校园足球的可持续发展 127
第一节　可持续发展理论概述 129
第二节　校园足球可持续发展的内涵 135
第三节　校园足球可持续发展的理念 143
第四节　校园足球可持续发展的途径 152

第八章　校园足球"学训矛盾"生态学分析 161
第一节　"学训矛盾"的生态危害 163
第二节　"学训矛盾"的生态学分析 170
第三节　"学训矛盾"生态学解决 177

第九章　校园足球区域生态 183
第一节　辽宁法库县校园足球区域生态 185
第二节　辽宁法库县校园足球生态个案 194

参考文献 203

第一章　绪论

　　校园足球运动是在基础教育阶段广泛开展的体育活动。近年来，在国家政策层面的大力支持下，各地纷纷出台了一些相关支持政策，各地的中小学均开展了丰富多彩的校园足球运动。在发展过程中，逐步形成了制度健全、规模完备、教师队伍庞大的校园足球发展趋势。这是校园足球发展可喜的一面。

　　但另一方面，校园足球运动的发展，也面临着一些问题。这些问题包括政策执行不到位、体育场地和设施的数量和质量有待提高、足球学校发展重成绩轻培养、足球教练员队伍素质有待提升、学生足球运动员队伍建设亟待加强、学生家长对校园足球发展的支持力度有待提高、校园足球发展整体环境有待优化等。

　　要解决好这些问题，不仅需要在实践中认真面对，更为重要的是，需要在理论上进行深入分析，探讨制约校园足球发展的制度问题、物力问题、人力问题等，以指导校园足球实践的发展。已有研究对校园足球运动的发展展开了深入的探讨，提出了许多有价值的建议。在此基础上，本书将从生态学理论视角，对校园足球运动展开全方位、立体化、深入性的探讨。

第一节 校园足球的出现与发展

一、校园足球提出的背景

(一)中国足球的状况

足球要从娃娃抓起,已经提出了很多年,也实践了很多年,但现实效果并不理想。无论是传统的三级训练网,还是改革之初如雨后春笋般出现,随后又寥寥无几的足球学校;再到职业俱乐部青训体系,都没有实现起中国足球水平提高的目标。在各种因素共同作用下,参与足球训练的青少年越来越少,能成才的更是凤毛麟角。越来越多的家长不想、不敢送孩子参与足球训练,这已成为国内足球青训一个不争的事实。

足球文化从足球实践、足球历史中来,是足球发展的土壤,但在中国,足球文化还有待发展。中国足球要在学习国外经验的基础上,找到适合自己的发展道路,建立适合中国国情的良好生态。

(二)学校体育的状况

在中小学校,体育科目一般被称为"副科"。这一称谓已经体现了体育科目的弱势。体育科目之所以被称为"副科",是因为在学生升学考试中的价值没有得到足够的体现。

与"主科"教师相比,作为"副科"的体育教师在大众心中往往代表着文化低、素质差。"你的数学是体育教师教的吧?"这样的言论在一定程度上代表大众对体育教师文化水平的看法。

体育科目与体育教师的弱势所带来后果就是体育教学在中小学教学中的边缘化,再加上社会环境的影响,造成了学生身体素质的持续下降。据相关统计数据显示,我国学生身体素质已经连续二十多年持续下降。这种下降的趋势直到近几年才有所缓和。

改革开放后，我国的教育水平显著提升，校园体育的发展却相对滞后，为此，校园足球运动的持续发展有望对目前我国学校体育的状况加以改善。

二、校园足球的现状

（一）校园足球是什么

传统意义上，校园足球就是以在校学生为参与主体的，有计划、有目的和组织性较强的足球教育活动。足球作为一项在世界范围内广泛流行且具有极大影响力的运动项目，在学校体育教育中十分流行，且广泛存在。经过近些年的发展，"校园足球"已成为专门术语，并有着被普遍接受的特定含义。

校园足球是指将足球纳入中小学体育课程教学，为学生提供更多学习足球、参与足球的机会，以促进学生全面发展，培育足球后备人才为目的新足球课程体系。

（二）校园足球的缘起与进展

2008年前后，我国足球运动发展陷入谷底。在世界足球队排名中，中国男子国家队的排名跌到新低，后备人才大幅萎缩。这引发了业界广泛的讨论，形成的共识是，影响中国足球水平提高的一个重要因素是国内足球运动的普及程度偏低。这主要表现在三个方面：一是可供运动的足球场地太少；二是缺少从校园走出来的少年足球天才；三是中国足球缺乏后备人才。

在学校开展足球运动，能有效提升学生的身体素质、增强体质，提高人体各器官系统的功能；能培养学生敢于挑战、勇敢顽强、机智果断、坚韧不拔、勇于克服困难和遵守纪律、团结协作的团队精神。同时，现代足球运动的开展很简便，受场地器材的限制较小，比赛双方的人员数目都可根据需要而变化，相对于其他运动项目更便于人们进行健身娱乐。

足球运动自身的特点，以及学校体育发展的现状，共同促成了校园足球的出现。国务院于2008年12月召开关于加强足球运动管理工作专题会议。会议提出，学校足球要成为中国足球复兴的突破口。2009年4月，国家体育总局、教育部颁发了《关于开展全国青少年校园足球活动的通知》（体群字〔2009〕54号），在这一文件中，正式提出了"校园足球"这一术语。

教育部主导校园足球运动发展以来，取得了一系列可喜的成绩。到2019年底，全国已经认定了27000多所校园足球特色校，招收高水平足球运动员的高校已经达到了181所，招生人数达到2000多人。校园足球运动已经建立了完善的校园足球训练竞赛体系。这是一个不断普及、不断提高的一个竞赛体系。在班级比赛、年级比赛基础上，每个校园足球特色校都建立各个组别的校队；组织小学、初中、高中乃至大学的校园足球运动联赛；通过联赛，选拔出在高中联赛、大学联赛中各省成绩名列前茅的足球队伍代表本省，参加全国性足球比赛。小学和初中在省内联赛基础上，组织每个省内的校园足球各个组别的最佳阵容评选，每个省的最佳阵容参加全国的分营和总营的比赛，产生分营的最佳阵容和全国的最佳阵容。这个竞赛体系立足于每个班级，辐射所有的校园足球特色校，同时又让每个学段的最优秀的学生有更宽阔的舞台，能够接受更加系统、更加全面的训练。

三、校园足球的定位

校园足球是由国家自上而下推动发展的，国家对如何发展校园足球有清晰明确的定位。

2015年3月中央全面深化改革委员会第十次会议上，审议通过了《中国足球改革发展总体方案》（以下简称"方案"）。方案提出"三步走"战略，分为近期、中期和远期目标：近期目标是要理顺足球管理体制，制定足球中长期发展规划，创新中国特色足球管理模式。中期目标是要实现青少年足球人口大幅增加，职业联赛组织和竞赛水平达到亚洲一流，国家男足跻身亚洲前列，女足重返世界一流强队行列。远期目标是要使中国成功申办世界杯足球赛，男足打进世界杯、进入奥运会。为了实现方案目标，一条重要的措施是改革和推进校园足球发展。关于改革和推进校园足球发展，方案提出以下具体要求：

发挥足球育人功能。深化学校体育改革、培养全面发展人才，把校园足球作为扩大足球人口规模、夯实足球人才根基、提高学生综合素质、促进青少年健康成长的基础性工程，增强家长、社会的认同和支持，让更多青少年学生热爱足球、享受足球，使参与足球运动成为体验、适应社会规则和道德规范的有效途径。

推进校园足球普及。各地中小学把足球列入体育课教学内容，加大学时比重。对基础较好、积极性较高的中小学重点扶持，全国中小学校园足球特色学校在现有5000多所基础上，2020年达到2万所，2025年达到5万所，其中女子足球的学校占一定比例。完善保险机制，推进政府购买服务，提升校园足球安全保障水平，解除学生、家长和学校的后顾之忧。

促进文化学习与足球技能共同发展。加强足球特长生文化课教学管理，完善考试招生政策，激励学生长期积极参加足球学习和训练。允许足球特长生在升学录取时在一定范围内合理流动，获得良好的特长发展环境。

促进青少年足球人才规模化成长。推动成立大中小学校园足球队，抓紧完善常态化、纵横贯通的大学、高中、初中、小学四级足球竞赛体系，探索将高校足球竞赛成绩纳入高校体育工作考核评价体系。

扩充师资队伍。通过培训现有专、兼职足球教师和招录等多种方式，提高教学教练水平，鼓励引进海外高水平足球教练。到2020年，完成对5万名校园足球专、兼职足球教师的一轮培训。完善政策措施，加强专业教育，为退役运动员转岗为体育教师创造条件。

2015年7月，教育部等6部门出台了《关于加快发展青少年校园足球的实施意见》，指出把发展青少年校园足球作为落实立德树人的根本任务，培育和践行社会主义核心价值观，推进素质教育、引领学校体育改革创新的重要突破口，遵循人才培养和运动发展规律，理顺管理体制，完善激励机制，优化发展环境，大力普及足球运动，培育健康足球文化，弘扬阳光向上的体育精神，充分发挥足球育人功能，促进青少年身心健康、体魄强健、全面发展，为提升人口素质、促进足球事业发展、振奋民族精神提供有力支撑。

这两个文件的发布，说明发展校园足球运动需要一个长期坚持、不断努力探索和发展的过程。发展校园足球运动，一是以校园足球为抓手探索落实立德树人任务，推进素质教育，实现培养全面发展人才的学校体育教育教学改革之路；二是为探索通过校园足球为中国足球的发展创造一个良好的基础与环境之路。发展校园足球运动是学校体育教育改革探索的方向，也是为学生的全面发展服务的最本质的、最直接的目标，为中国足球发展铺路则应当是校园足球运动的长期目标。

四、校园足球的困境

在国家体育总局和教育部的大力推进下，校园足球取得了一定的成绩，获得了长足的发展。校园足球队队员的身体素质得到了明显提升，竞技水平得到了充分发展。校园足球比赛参与的积极性、普遍性得到大幅度提高，比赛水平也有了明显的提升。但在发展的过程中，一些问题也逐渐暴露出来，归纳如下：

（一）有关校园足球的政策在实践过程中失真

国家将校园足球定位于完成立德树人，推进素质教育，实现培养全面发展人才的重要手段。但在学校教育教学实践中，学校能够真正落到实处的却不多。校园足球特色学校建设出现了一些问题。例如重申报、轻建设，在申报过程中积极投入人力、物力和财力，力争获批；而在建设过程中却出现消极、懈怠、拖延。再如重命名、轻管理，为给球队起一个响亮的名字煞费苦心、广泛求取；而在管理上却松懈、滞后。又如重校队成绩、轻足球育人，对于校队能出成绩、出好成绩十分关注；而忽略了在运动、训练和比赛中对学生在身体、心理和品质等方面的全面培育。这些问题究其根源，在于获批校园足球特色学校，不仅能为学校带来经济效益，还能给学校带来一定的声望，所以学校重视申报。有些学校申报成功后，就只关注校队能不能出成绩，不重视建设本校的校园足球、打造良好的运动氛围、发展普及校园足球。从当前的校园足球发展情况来看，一些校园足球试点对自身发展任务不清楚，成长目标不明确，肩上的担子没压实。

（二）学训矛盾仍然存在，导致队员阶段性流失

根据调研，目前校园足球仍然没有较好解决学训矛盾问题，因训练而影响学习的学生运动员大有人在。学训矛盾背后的原因是多元的、复杂的。小学阶段因为学业压力相对较小，一些家长也想让孩子锻炼身体，所以相对而言，家长一般都能支持自家孩子参与学校的足球训练。但是到初中之后，学生的学业竞争加大，学生能自由处理的业余时间也越来越少，所以，这时家长通常就会在参与足球训练和全力投入文化课学习之间做出取舍，导致初中阶段参与学校足球训练的学生人数急剧下降。有资料显示，某市某区注册学生球员在小学阶段有 600 名，初中

为90名，高中阶段则为0。由清华大学体育产业发展研究中心和网易共同主办的《星火指南——全国青少年体育培训机构评选（2017）》指出，在参与此次评选的近200家足球、篮球和冰上运动培训机构中，参与体育培训的青少年人数，在12岁年龄段出现了"断崖式下跌"。显然，这与小学和初中阶段的学业选择高度吻合。因此，在校园足球推进的过程中，必须解决校园足球队员大多数是小学生，而初中生和高中生越来越少的问题。

（三）校园足球优秀苗子定位不明确，成长通道不畅通

由于传统观念的影响，运动学习与文化课学习是可以相互促进的理念，并没有被参与校园足球的各主体所真正认可。所以，大部分人心目中的想法是参与足球训练必然会影响学习，想要练好足球必然要舍弃文化课学习。这样的思想观念所造成的后果是，校园足球学生运动员在升学过程中，运动技能占主导地位。随着学段的增长，参与校园足球训练的学生运动员，文化课学习意愿越来越低，成绩越来越差。这种环境对那些学习成绩优秀而且足球技能也高的学生来说是一种制约，他们的家长将不再想让自己的孩子继续参与足球训练，他们的足球成长道路可能就此中断。这是一种典型的"劣币驱逐良币"现象，是事关校园足球长远发展的大问题，也是当前我国校园足球改革发展中所面对的重大难题。畅通成长通道涉及青少年足球人才的识别、培养、输送和淘汰，涉及升学制度、转学制度、运动员选拔制度、运动员跟踪监测制度、补偿奖励制度、就业制度和风险防控制度等，涉及家长和社会支持校园足球的长效机制和学生长期学练足球的动力。明确什么是校园足球优秀苗子，建立合理的校园足球优秀苗子成长通道，需要政策的引领和全员的参与。只有合理、优质的校园足球人才通道建立起来，才能让更多的家长无后顾之忧，让更多的孩子选择足球运动。

（四）资源相对短缺

场地设施、师资水平、经费保障影响着校园足球的健康发展，资源问题是建设校园足球的核心问题。目前，国家已经出台了足球场地建设规划，并且将投入15亿元引导资金来推动完成6万块各种制式足球场地的建设任务。足球教师的配备和培养已经大规模地开展起来，但是，足球教师和教练员的水平提升问题比

较棘手，缺少常态化的选拔、提升和培训手段。在校园足球经费保障方面，各地情况也不均衡，比如，有的省份每年经费达到1亿以上，有的省份没有任何经费投入。

（五）体育教师积极性不高

体育教师在校园足球发展中占有十分重要地位，发挥着重要的作用。体育教师的能力与投入，在一定程度上制约着校园足球的发展。但在实践中，体育教师的积极性还有待提高。

第二节　校园足球生态概述

一、生态学的起源与发展

简单来说，生态就是生物的生存与发展状态，而这种状态是处于一定的环境之下，研究生态的学问一般称为生态学。通常情况下，生态学被定义为研究有机体或有机体群体与周围环境关系的科学。生态学的起源很早，根据史料的记载，国内外皆可在公元前找到与生态学相关研究的源头。前期生态学的研究，重点关注自然环境下的植物和动物。随着19世纪第二次工业革命的出现，社会生产力得到进一步提高，同时人类对自然环境的影响也日益剧烈，生态学的研究开始由研究生物之间、生物与自然环境之间的关系，转向重视研究人类活动影响下生物之间、生物与自然环境之间的关系。20世纪60年代以来，伴随着世界工农业的迅猛发展，环境问题愈加突出。这些问题有环境污染、森林破坏、水土流失与土地沙化等，还包括人口数量的迅速膨胀、对粮食需求的激增，以及自然资源的日益枯竭。这些问题都严重地影响社会经济发展和人类的生活。从这一时期开始，生态学研究的重心开始转向偏重研究人与自然环境之间的关系，尤其是人与自然之间的协调发展、长期共存的关系。

生态学迅速和社会学、经济学等人文科学进行相互渗透，并产生了社会生态学、经济生态学等边缘学科。与此同时，原有的生态学各分支，在现代科学技术的推动下继续向纵深发展。这两种发展趋势，已成为生态学现代化的标志。

二、校园足球生态的概念

校园足球生态是各类校园足球生态主体发展的环境与状态，是校园足球制度、校园足球文化、校园足球活动等要素相互作用的结果，是学校体育风气、学校教育风气和社会风气的综合反映，影响着教师与学生参与校园足球的积极性和活动效果。自然生态系统没有人为因素影响，经过漫长时期的演化已经形成动态平衡、自我发展的良性系统。与自然生态系统不同，校园足球生态系统是人工系统，是人为因素起主要作用的系统。所以校园足球生态系统并不会天然转向良性系统，而是在人为影响下，具有向不同方向、不同程度发展的可能。用生态学相关理论研究校园足球生态的目的，就是为建设良好的校园足球生态服务。良好的校园足球生态必然是资源节约型和可持续发展的生态，这样的生态必然是在校园足球内部要素之间，以及校园足球与外部环境之间存在着和谐共生关系。

校园足球是一种有目的和计划的足球教育活动。因此，校园足球教育是教育活动的一个子集，教育活动又是社会活动的一个子集。所以，校园足球生态研究可以从社会生态学和教育生态学研究中汲取养分。目前，社会生态学研究的重心是研究个人的生态环境。而校园足球不仅要研究校园足球中人的生态环境，还要研究作为足球教育活动整体的校园足球的生态环境，即校园足球活动的生态环境，这是校园足球生态与一般社会生态学研究的区别之处。要认识到校园足球活动在社会生态学中重要的地位，在自然生态学中有机体的地位。只有这样，才能就校园足球与校园篮球、校园排球等其他学校体育之间的关系展开研究；才能就校园足球与德育、智育、美育、劳育之间的关系展开研究；才能就校园足球与体育、经济、文化、科技等社会子系统之间的关系展开研究。也只有这样的研究，才能更为全面地认识校园足球的生态环境和生态关系，才能更好地为构建良好校园足球生态提供理论支撑。所以，校园足球生态与环境之间的关系状态，也是校园足球活动与其他社会活动之间的关系状态。

校园足球中的生态关系不仅是现状的关系，还包含过去和未来的联系，这是人作为生态主体的特殊性表现。人是一种智慧生物，人所经历的一切会形成经验，对人的后续发展产生积极或消极的影响；人也会根据经验和现状，预测未来，对未来有一个期望，而这一期望也会对人的努力与投入产生相应影响。因此，在研究校园足球生态关系时，既要考察现状的关系，又要分析过去和未来的影响。以家长是否支持自己孩子参与校园足球训练为例，家长是否支持，一定和过往经历，以及对参与校园足球训练的前景展望相关。在具有足球三级训练网经验的家长中，有很大一部分家长不愿意让自己的孩子参加校园足球训练，原因是他们经历或看到了自己不希望看到的未来。基于此，校园足球生态是综合了现状、过去和未来的生态，是具有鲜明时间维度的生态。

三、校园足球生态研究的现状

从生态学角度进行校园足球研究已经进入学者的视野，当前查到关于这方面的文献有十几篇。最早的是2013年3月，高民绪、刘洪春、穆国华发表《生态视域下我国青少年校园足球的发展路径研究》，该研究以生态学理论为支撑点，从影响校园足球发展的三个方面，自然、社会、文化生态环境进行了多层次、多角度的探讨。建议消除认知差距，整合思路。建立以教育部门为主导，以体育部门为辅的管理模式；明确校园足球发展的第一要义是扩大足球人口、提高学生身体素质，在此基础上宽口径地选拔运动苗子；在培养优秀运动苗子的过程中要树立"人本主义"培养观；各布点学校要积极开设足球特色"校本课程"，教育部应组织专家编制全国校园足球统一训练大纲；加大对高水平教练员人力资本的投入，加大对校园足球教师的培训进修力度；加大文化传媒对校园足球的宣传力度等发展路径，为我国校园足球的可持续发展提供理论借鉴。

2019年是校园足球生态研究发展较快的一年。2019年1月，李旭龙、沙洪成、陈洪鑫等发表了《社会生态学视域下校园足球育人功能的制约因素及实现路径》，该研究指出校园足球育人功能的实现是一项系统工程，在社会生态学视域下，需要从微系统的实践支持、中间系统的统筹联动、外层系统的制度保障和宏系统的理念、政策引领入手，构建校园足球育人功能实现的社会生态体系。在未来的工作中，应通过创新校园足球育人实践载体，提升各方支持力度；创新校园足球育人管理模式，完善各方联动机制；创新校园足球育人制度体系，强化各方育人能力；创新校园足球育人价值理念，营造良好育人氛围等途径，着重克服各个系统中阻碍校园足球育人功能实现的制约因素，实现校园足球育人工作的创新发展。2019年4月，刘年伟、姚蕾、熊晓正、贺斌发表了《从教育生态学审视志丹县校园足球环境改革》，该研究从教育生态学的角度审视陕西省志丹县校园足球环境改革，校园足球环境是指以校园足球教育为中心，对其产生与发展起到制约与调控作用的多维空间和多元环境体系。

根据校园足球环境存在的形态，可以划分为三类：第一类为校园足球自然环境，处于最外层，主要包括气候条件、学校地理位置、校园内足球场地布局等；第二类为校园足球社会环境，处于中间层，主要包括足球场地与器材、相关经费投入、校园足球人群关系、校园足球家庭环境和社区环境、校园足球政策及具体规章制度、校园足球课程设置与评价、校园足球竞赛环境、足球项目在地方体育项目中的排名、宏观政治与经济因素等；第三类为校园足球规范环境，处于内层，主要包括学校办学理念及校园足球价值导向、校园足球舆论与媒体环境、校园足球氛围等。校园足球环境形成自组织生态系统，各层环境因子相互影响、相互制约。造成校园足球生态系统环境个案异同的原因主要与学校教育生态密切相关，学校教育生态环境与校园足球协同优化方面不足；校园足球校内外训练与竞赛一体化环境没有建立起来；校园足球与学校体育出现相互分离的趋势；校园足球优秀苗子招生考试制度环境不和谐；并针对这些问题给出一些相应建议。

2019年11月，李鹏伟、刘献国在第十一届全国体育科学大会上发表了《社会生态理论视角下校园足球发展路径研究》，该研究运用社会生态理论的个体微观系统嵌套于相互影响的一系列环境宏观系统，来解释不同因素相互作用推动校园足球的发展。该研究还指出，校长的引领、教师的指导、父母同伴的支持、学生的主体参与共同构成了校园足球发展的微系统；学校、家庭、社区三个微系统共同构成了校园足球发展的中系统；教育部门的安全管理保障、社会大众的认可支持、社区功能的细化共同构成校园足球发展的外系统；校园足球微、中、外三系统的文化，以及国家颁布的校园足球相关政策，共同构成了校园足球发展的宏观系统。该研究在此基础上提出一些发展办法。2019年11月，邓贤树、张春合发表了《社会生态理论视角下中学生校园足球运动参与影响因素研究》，该研究以社会生态学为切入点，从文化层面对学生参与校园足球运动的影响因素进行整体性把握，指出：物质文化层面上，足球器材与设施、足球教师综合素质是学生直接参与足球活动以及产生活动积极性的重要因素；制度文化层面上，学校组织机构与领导机制、足球管理制度是校园足球政策执行的保障，是扩大校园足球人口的关键因素；精神文化层面上，足球态度、足球价值道德观主要从间接参与以及认知与情感方面影响学生足球活动参与，对学生参与足球活动具有引导性作用；

行为文化层面上，学校管理部门行为、家庭与个人行为会直接影响学生参与足球活动，父母、教师的示范作用影响学生足球活动的未来发展方向。

2019年12月，张春合发表了《社会距离视角下家长对校园足球支持的多维度特征研究》，该研究以社会距离量表为研究工具，研究了家长对校园足球的支持特征，指出当前校园足球整体生态系统虽有改善，但还有很大的提升空间，家长的态度对校园足球的发展整体上处于阻力大于助力的状态，应加深家长对于校园足球发展的文化和价值认同，改善校园足球的生态环境。

当前校园足球生态研究尚处于起步阶段，参与研究的学者和发表的研究文献还十分有限，研究也主要是将社会生态学理论向校园足球研究领域移植为主，对校园足球的生态环境和生态关系认识不够深刻，但这些研究都是非常有开创性、探索性的研究，可以为后来参与者提供较为丰富的借鉴。

四、校园足球生态研究的意义

校园足球生态研究的核心是校园足球生态关系，校园足球中存在着多维、嵌套的复杂生态关系。首先，校园足球中的生态主体既有人主体又有活动主体，人主体又可分为个体、群体和系统，活动主体是人主体的活动；其次，不同的主体，所在生态环境也有所不同，个人主体的生态环境，可借鉴社会生态学中生态环境的概念，群体和系统的生态环境则要在此基础上进行修订认识，而活动主体的环境则是另一种认识方式。不同的主体和多样化的环境认识，构成了校园足球生态关系的复杂性。

校园足球生态研究是对校园足球生态关系的深入考察。对校园足球生态关系的全面探索，能更全面地认清一些校园足球发展中的问题。比如当前校园足球中比较突出的"学训矛盾"问题，实则是校园足球生态研究中校园足球与智育在更为广泛的社会环境下的生态关系。用生态学视角，在更为广泛的社会环境下考察校园足球与智育这一关系，将能找到"学训矛盾"问题的根源所在，从而能更坚决、更有效地解决"学训矛盾"问题。

对校园足球生态关系的全面探索，能让校园足球制度得到更好的理解与执行。例如，校园足球的活动主体可分为教学活动主体、训练活动主体和竞赛活动主体，对这三个活动主体关系的考察，能明确传统学校体育中重教学而轻训练和竞赛是生态不平衡的一个表现。在此基础上，可以更好理解当前国家协同推进校园足球教学、训练和竞赛的用意，更加坚定构建校园足球教学、训练和竞赛"三位一体"协调发展的决心。

校园足球生态关系的全面探索，有利于拓展和健全校园足球生态链，为校园足球发展提供更多助力。从根本上而言，生态观是全面观、整体观。说它是全面观就是全面观照生态中的每一个子系统；整体观就是将生态本身作为一个整合的系统进行考察。

校园足球的生态研究要求研究者要具备超前的眼光，能够跳出传统的模式，用普遍联系的观点观察校园足球，不断丰富校园足球的生态链，从而达到让校园足球生态系统自我协调发展的目的。在当前校园足球研究和实践中，对教学链、训练链、竞赛链、管理链、培训链关注较多，但对校园足球的身份链、文化链、数据链（大数据）、传播链、商业链、科技链、创新链等关注不够，而且忽视各链条的交叉链接，未能形成有效的生态网。校园足球生态链的理论挖掘和实践构建，能让校园足球的生态形态更为丰富，从而提高校园足球生态系统的自我发展能力，促进校园足球良好生态的形成。

校园足球生态关系的全面探索，有利于建成面向全体学生的普惠性生态。帮助学生按照自己的身体素质和意愿在校园足球运动中得到充分的个性发展。让有足球天赋，想在足球上有所发展的学生，能有多条发展道路进行自由选择；没有足球天赋的学生，也能够在校园足球中找到乐趣，获得身心的发展。并不是所有的校园足球特色校都要有一支成绩优异的校园足球队，也可以根据自身素质和条件争取校园足球竞赛组织的优良。这才是健康的、良好的校园足球生态。

校园足球生态研究能让各方面认识到建立良好校园足球生态的重要性，树立生态意识，从综合、全面的视角考查和思考校园足球问题，能够促成相关主体对各方面关系的正确认识，进而理顺关系，达到各方面关系和谐共存、合力推进的效果，促进校园足球的繁荣与发展。

五、校园足球生态研究的视角

生态学之所以受到广泛重视，是因为生态学提供了观察世界和认知事物的一种全新的、效果非凡的研究视野，将这种视野用来研究校园足球，不失为一种良好的尝试。

（一）整体联系视野

生态学是研究有机体或有机体群体与周围环境关系的科学。生态学本身就是系统性科学，系统内的各个组成成分是相互联系的，由相互联系的成分构成一个整体，整体中不存在与其他要素孤立的成分，忽略其他要素只对单个构成成分的研究，结果必然导致片面性。所以，生态学研究强调整体视野。

自然生态系统的生态主体由生产者、消费者和分解者构成。生产者有个体、种群、群落的级别演化，各物种之间也有竞争、共生、寄生等多元关系；消费者有初级消费者、次级消费者、高级消费者之分，它们之间也有竞争关系；分解者也一样，内部也比较多样化。自然生态系统的生态环境也是多元的，包括气候、水文、地质、地貌等。自然生态系统中生态主体与环境之间存在着错综复杂、相互交错、环环相扣的关系。这一生态系统中，生态主体可以适应环境、保护环境、也可以破坏环境；环境可以制约生态主体，也可以促进生态主体的发展。所以，从自然生态研究起源的生态学强调整体观和生态主体与生态环境的相互依存、相互促进、共处共融，追求生态主体与生态环境的综合发展。

人类生态系统中生态主体随研究视角的不同而不同，但生态环境皆有复合性。人类生态环境是一个包括自然环境、社会环境和价值环境的复合生态环境。自然环境由森林、陆地、湖泊、空气、阳光、气候等各种自然地理空间及各种自然资源构成，是人类社会赖以生存和自发展的物质基础。人类依赖于自然环境，同时人类也改造自然环境。社会环境由政治、经济、家庭、职业等社会要素构成，是人类特有的生活环境。社会环境具有高度组织性和层次性。价值环境由社会风气、民族传统、艺术、宗教等人们在长期社会生活中逐步形成的社会要素构成，是人类独特的生活环境。不同个体、不同地区与国家有各自独特的价值环境，价值环境还随时代变化而变化。自然环境、社会环境和价值环境中各生态因子相互联系、相互制约，共同构成一个复杂的、人类社会所独有的生态环境。在这一生态环境中的人与事皆处于联系紧密和复杂的社会网络中，受到环境的综合影响。

生态学的整体视野，提示我们在认识校园足球时，要将校园足球放在一个更为广阔的、相互联系的整体背景下来认识。比如，在当前国内校园足球比赛上，爆出的学生运动员"追打"裁判员的闹剧。探讨这种问题产生的原因，通常囿于校园足球系统内部，一般认为：一是学校没有树立"立德树人"的教育理念；二是体育教师或者足球教练不称职或不合格。在这些观点看来，主要是校园足球内部出现了问题。但从生态学的视野来看，可以说是生态环境决定了这些学生运动员的赛场表现。

首先，校园足球赛场上所发生的事件，并不是孤立事件。在成人足球赛场，无论是业余比赛，还是专业比赛，违背体育道德和赛风赛纪的情况屡有发生。其次，这也不是足球赛场所特有的现象，在其他运动项目赛场也有发生。因此，这不是孤立的校园足球问题，而是广阔社会背景上的校园足球问题。家长陪伴孩子看比赛时，有没有为孩子树立正确的胜负观？家长在鼓励孩子学足球时，是否将孩子的身心健康发展作为根本出发点？学校在开展校园足球时，是否存在较为严重的功利主义心态？社会有没有形成一个良好的规则文化？这些都是影响学生在校园足球中表现的生态环境。

学生在校园足球活动中的表现，与家庭、学校和社会有着紧密的联系。当我们思考校园足球问题时，要综合考虑校园足球生态系统内部关系，以及与周围环境之间存在的相互关系，这样我们就是从生态学的整体视野开始进行思考了。

（二）和谐共生视野

在人类社会发展上，生态学强调和谐发展，即追求人与人的和谐，也追求人与自然的和谐。只有人与人、人与自然、人与社会和谐共生，人类社会才能可持续地发展。可持续发展是和谐共生视野在经济发展应用中出现的新策略，可持续发展的提出与生态学研究兴盛在时间上是相匹配的。

在学校教育与校园足球领域，也要充分建立和谐发展的理念，应用生态学和谐视野开展教育和校园足球问题研究。比如，校园足球中学训关系问题。传统视野一般只认识到学训之间的矛盾关系，提出矛盾的解决策略；很少认识到学训之间的共生关系，很少讨论学习与训练的和谐发展问题，很少在和谐发展的基础上提出问题解决策略。从生态学的视野看，在校园足球中，学生的学习与训练既存在竞争关系，也存在互利共生关系；既相互影响，又相互促进。这可以从以下两个方面来认识：一是从时间资源看，学生的学习与训练存在着鲜明的竞争关系。学生参与足球训练的时间多了，用在文化课学习上的时间就少了，每个人的时间都是有限的；二是从精力分配看，学习与训练存在一定竞争关系，学生主要精力投入到足球训练之中了，投入到学习之中的精力就会相对少一点。但如果换个视角，从和谐共生的角度来看，可能就会改变人们的认识与做法。从迁移价值看，学生在足球训练中使身体素质得到提高，从而具备了努力学习、掌握文化知识的身体基础，学生在足球训练中得到身体锻炼，能促进学生大脑的充分发育，为学生更好更快地学习提供生理基础；在足球训练中掌握了相关的学习方法与策略，万物相通，恰当地迁移使用就能在文化知识的学习中取得意想不到的学习效果；学生的意志品质得到了提升，能够帮助他们在文化知识学习的过程中克服畏难心理等不良心理情绪，较好地完成文化知识的学习任务。从另一方面来说，对文化知识的学习能够帮助学生增加对自然、社会和人生的认识，具备学习任何领域的知识基础，包括足球运动领域；对文化知识的学习能够帮助学生形成学习能力，能力的可迁移性决定了他们可以更好地提升足球运动的能力；对文化知识的学习能够帮助学生形成正确的人生观、价值观，帮助他们树立正确的足球运动观、足球价值观，使他们成为一个有文化素养、有文化底蕴的足球运动员。

因此，在生态视野中重新审视学训矛盾的关系，能够帮助我们看到学训之间不仅有矛盾的一面，也有统一的一面，从而全面、完整地看待学训矛盾问题。同时，可以从统一的一面，解决好学训矛盾问题，在学习与训练的统一中看到彼此的互利共生关系，寻找问题解决的有效路径。

（三）差异多样性视野

生态学认为，生物多样性对生态系统意义重大，生物多样性不仅是自然选择的结果，而且是在生物链上独特价值的有力证明。生物多样性是生态系统的完整性与可持续健康发展的基础。因此，每个物种都有存在的意义及价值，需要强调尊重与保护生物的多样性。某一生态系统的生物多样性越丰富，该生态系统在受到破坏时的自我修复能力越强，即维持生态平衡的能力越强。每一个物种都是处于生物链上的独特物种，都与其他物种和环境有着千丝万缕的联系，消失的物种会通过生物链引导连锁反应，影响其他物种的生存。

教育生态学也主张多样性。因为多样性不仅是人性的基本特点，也是我们社会所需要的。人生而不同，有不同天赋与秉性，有不同的理想与追求。教育多样化强调建立多种类型的学校，为学生提供多样选择的权利，鼓励学校的个性化、多元化发展。教育多样化注重教育方式的多样性，认为职业教育、技术教育、特殊教育、老年教育、社区教育等不同形式的教育要共同蓬勃发展。教育多样化强调充分尊重学生不同个性需要，为学生提出不同的教育目标打造个性化的学习空间。多样化的教育才是生态教育，才是能持续发展的教育。

校园足球生态中也存在多样性情境。开展校园足球的学校处于不同地区，不同的层次，有着不同的追求；参加校园足球的学生有着不同的身体素质和学习目标，也有不同的参与动力。如果不秉承生态学的视角，没有多样性的视野来指导，就会陷入统一要求的思维缺陷中而不能自拔。当前，在校园足球活动中运动成绩并不是唯一的评价标准，也不是唯一的目标。这样的学校没有充分认识到校园足球发展的多样化价值，也没有充分认识到校园足球发展多样化对每一名学生生命成长的价值。自然界中的各物种都是各安其所的，皆有存在的意义，恰如落叶是不用打扫的，而是其他生命的食物。在校园足球运动中，身体素质不好的学生参与训练也有特殊的意义，他们虽然不一定能够成为优秀的运动员，但是可以成为良好的参与者，同时也能促进自己的身心健康。比如，有的学生身体素质不好，但有很强的责任心和组织能力，完全可以成为球队的学生领队。在校园足球研究中，应用生态学的多样性视野，可以使我们发现校园足球的多样功能价值，可以促进学生的多样化发展，可以使校园足球的发展丰富而均衡。

第二章　校园足球生态环境

生态学是研究有机体与环境关系的科学，研究校园足球生态，要首先搞清楚什么是校园足球的生态环境。生态环境在普通生态学中是指有机体生态空间内各种条件的总和，主要是指自然的生态环境。这种生态环境与自然区域紧密联系的，是一定自然区域内各种环境要素的集合。如果区域不同，环境也就不同。自然环境是生物和人类赖以生存的基础，但人类的生存环境远比一般动物的生态环境更为复杂，人类生态环境是一个包括自然环境、社会环境和规范环境的复合生态环境。

教育的生态环境是以教育为中心，对教育的产生、存在、发展起制约和调控作用的多元环境体系。当前教育生态学与体育生态学的生态环境也是自然环境、社会环境和规范环境的复合生态环境。校园足球是教育的一个子系统，所以，先行研究者们在探讨校园足球生态系统时，将生态环境分为三个部分，即自然环境、社会环境和规范环境。这样的三分法虽有合理之处，但仍有进一步深入展开探讨的必要。

教育生态系统与体育生态系统，都是社会生态系统中的一个重要子系统。根据生态系统学，子系统之间相互为生态环境的观点，教育生态系统与体育生态系统，都是以其他社会子系统为自身生存与发展的环境。这样的环境，依据母系统，即社会生态系统，可称为社会环境。所以说，无论是教育生态系统，还是体育生态系统的生态环境，都分成三部分，即自然环境、社会环境和规范环境，这种划分是符合生态学、系统学理论的，是对生态学、系统学理论的合理运用。

但是，对校园足球生态环境的认知却不能对教育生态系统和体育生态系统进行简单移植。因为校园足球生态系统不是社会生态系统的直接子系统，中间隔着教育生态系统、学校体育生态系统二个层级。社会生态系统学研究的开创者布朗弗布伦纳（Bruno Brenner）认为，人的生态环境，可以看作是拓扑学上嵌套在一起、彼此相连的同心结构。以这一观点用来认识校园足球生态环境，可以将校园足球的社会环境看成由一个系统的同心圆构成，由内及外分别是学校体育环境、教育环境和社会环境，即校园足球的学校体育教育环境和教育环境是其更为细化、更为底层的社会环境。因此，校园足球的生态环境可以分成两个部分：一是由内而外嵌套在一起的由学校体育环境、教育环境与社会环境所组成的嵌套化社会环境；二是渗透到嵌套化社会环境每一层圈的自然环境和规范环境。这样对校园足球生态环境的理解更为精细，更有利于校园足球生态研究的整体全面性。

校园足球与生态环境的关系，不同于普通生态学中生态主体与生态环境的关系。普通生态学中更为关注生态主体对生态环境的适应。在校园足球生态研究中，既要关注校园足球对生态环境的适应，又要关注校园足球对生态环境的改造与创建。从时间的维度进行考察校园足球自身的过去、现在和未来，构成了校园足球发展的一部分环境因素。

第一节　校园足球的嵌套化社会环境

社会环境是人类特有的生活环境，也是人类进行各种活动中起重要作用的生态环境。同时，社会环境是一个具有层次性的复杂整体。校园足球的社会环境中各种生态因子，按照一定的层次与结构相互联系在一起，共同构成一个嵌套在一起的同心圆型结构化整体。

一、校园足球的微观环境

学校体育是校园足球的最直接的母系统，也是校园足球最直接的社会小环境，更是校园足球发展的直接浸润的环境，还是校园足球发展的基础。学校体育在学校发展中的地位直接影响着校园足球的地位。学校体育总体投入更是深入地影响着校园足球的投入，学校体育教师的水平在一定程度上代表着校园足球老师的水平。

学校体育在学校发展中的地位直接影响着校园足球的地位。当前，学校体育的地位处于理论认识上较高，实践执行上较低的态势。这对校园足球的地位也造成了一定不良影响。在理论研究上，以及国家和地方相关政策上，都十分明确地指出，学校体育是促进学生全面发展的重要一环，具有重要地位，需要积极扶持和大力发展。但现实中的学校体育地位却没有与理论和政策上的规定相符合，还有较大的提升空间。对于校园足球活动，学校真正给予重视和大力支持的其实并不多。校园足球学校存在的重申报、轻建设等现象。在学校内，校园足球的地位并没有因为国家的大力推进而有充分的跨越式的提高。学校在校园足球上的投入，尤其是精力投入，难以得到实质性的改善。在实践中，少有学校将学校体育，乃至校园足球与智育进行同等程度的对待。而且，这一现象可能难以在短时间内得到根本扭转，而是将会在很长一段时间内存在。

校园足球的投入，依赖学校体育的总体投入。当前，部分学校存在学校体育投入不足的现象。虽然校园足球试点学校对学校在校园足球的场地与器材等方面的投入有较为明确和具体的要求。但在实践中，这种投入还是难以满足校园足球发展的具体需要。调查显示，对学校体育与校园足球的投入，还存在投入渠道单一、投入意愿不足的现象。投入渠道单一是指目前校园足球的投入渠道还仅仅限于来自政策性的投入，没有形成多元化、多渠道的系统投入；投入意愿不足是指学校在校园足球的政策性投入上，可能存在延迟、减缓等现象，更不用说以学校的实际情况进行追加投入了。对于其他学科来说，既可能有来自社会的企业、基金、慈善等投入，还可能有来自家庭的投入。在体育科目上，尤其是足球项目上，肯为孩子积极投入的，却并不多见。尤其是随着孩子年级的升高，学习任务的加重，这一现象更为常见：即文化课补习的比重越来越大，而体育课补习的比重越来越少。在家长与学校还没有建立起对体育进行投入的意愿之前，校园足球的投入也不会得到较大幅度的提升。当然，在适当引导与良好宣传的情况下，学校与家长对校园足球的投入意愿，也可以在学校体育投入中率先杀出重围，从而对学校体育的整体投入起到一个良好带动作用，使其走上良性发展的道路。

  校园足球是学校内开展的足球运动，是以学校体育教师为主体组织开展的。体育教师的地位、素养、水平、责任心等影响着校园足球的发展。学校体育教师的地位、关系、水平、责任心，是在学校体育长期发展过程中逐步形成的。对于这一点，需要我们有足够清晰的认识。当前，国家为发展校园足球，加大了对校园足球教师的培训力度，旨在提高校园足球教师的教学素养，提高校园足球的教学质量，从而促进学生足球水平和整体素质的提升。但足球教师的教学素养并不是靠单纯地开展培训活动就能得到较大提升的。教师的素养提升往往与教师的职业期望度、教师的收入水平、教师的地位、教师的职业自由度等息息相关。校园足球教师首先是学校体育教师，在其本身职业地位和职业前景不明的情况下，通过参与培训以提高自我的意愿不高。提高校园足球教师的学习动力和学习动机，不仅要依靠国家的校园足球政策，更依赖学校体育政策，尤其是这些政策要落在实处，充分体现在校园足球的建设中，并令足球教师能够切身感受到。

  校园足球是在学校体育的大环境下产生、存在和发展的，受学校体育的直接影响。因此，学校体育地位在一定程度上决定着校园足球的地位，学校体育投入直接影响着校园足球的投入，体育教师的状态代表着校园足球教师的状态。所以，不能孤立地看待校园足球的发展，也不能孤立地发展校园足球，而是要将其与学校体育的发展协调起来、统一起来。只有这样，才能实现校园足球的长远发展与健康发展，充分激发校园足球教师的积极性与潜在能力，才能真正提升校园足球的教学质量，提高校园足球队员的身体素质、运动水平和整体素养。

二、校园足球的中观环境

校园足球运动是学校内开展的足球运动，在隶属关系上属于教育的范畴。因此，校园足球必然受到教育大环境的影响。在一些发达国家，教育的目标是培养全面发展的人，教育中的体育，作为教育体系的重要组成部分，是促进学生全面发展的重要组成部分，具有十分重要的地位。在发达国家的学校中，从事体育运动的学生，学业成绩大多处于优良的水平。因此，在日常生活和学习中，他们能够受到同伴的尊敬，他们中的佼佼者在毕业走出校门之后，能够在校史上占有一席之地。

在一些人看来，学校的升学率在一定程度上代表着学校的水平和校长的声望与职业前景。教师不重视学生的全面发展，往往只关注自己所教科目的学生成绩，因为这在一定程度上代表了他们的职业水平并影响收入。家长对学生学习考试成绩的重视，往往超过了对学生其他方面的重视。学生在这种教育环境中处于被动地位。他们的时间和精力大多投入到了学习之中，而忽视了体育锻炼，忽视了自我身心的全面发展。在这样的教育环境下，学校对学生的全面发展重视不够，导致学生参与学校体育的时间不断被压缩，身体素质持续下降。因此，学生参与校园足球的身体基础与兴趣就这样被动的减少了。这导致在现实中校园足球运动的开展距离国家政策的要求还存在差距。

校园足球的教育环境深刻地影响校园足球的发展，校园足球的发展要处理好各种关系，包括校园足球与智育、德育、美育等的关系。在教育实践中，只有各参与主体都真正地以学生全面发展为己任，校园足球的春天才能真正到来。

三、校园足球的宏观环境

校园足球的宏观环境指的是校园足球生存和发展的社会环境，是校园足球与其他组织和部门的关系网络。校园足球的大社会环境包括政治环境、经济环境、体育环境等。与自然环境相比，社会环境的变化是常态的，具有自身的发展规律，社会发展的车轮最是滚滚向前，而且越来越快，变化越来越大、越来越多样。社会环境的变化是剧烈的，这源于人类作为智慧生物而产生的社会活动。社会环境的变化是复杂的，主要在于人类自身思维、行为的复杂性。校园足球处于变化的社会环境之中，受到社会环境变化的影响，同时校园足球的发展也会在某种程度对社会环境的变化形成一定程度的影响。

从一定程度上来说，有什么样的社会环境，就会有什么样的校园足球。校园足球发展的深度与广度，应与经济发展相适应，开展校园足球需要一定的经费投入，不仅国家要投入经费，学校与家庭也要投入一定的经费。随着我国经济的持续发展，经费问题已经不是制约校园足球发展的主要问题或瓶颈了。

政治环境对校园足球的影响主要表现在发展方向和发展力度两个方面。我国政治环境稳定、开明。党和国家注重新时代人民追求幸福生活的需要，而身体健康、精神愉悦正是幸福生活的重要基础，因此党和国家更加重视学校体育工作，正是在这种思想的主导下我国开展了校园足球活动。要想使目前良好的校园足球政策贯彻和落实下去，必须做到以下三点：第一，政府和教育主管部门制定的校园足球政策要具有连续性和稳定性。校园足球政策的连续性是指每年要不间断的、按照政策的具体规定，落到实处，校园足球政策的稳定性主要是指把政策的各项措施不打折扣地贯彻落实下去。第二，根据校园足球发展和变化的情况，对相关政策进行不断调整。但是调整的原则是不能削弱各项政策，只能加强。第三，政府和教育主管部门要对各个学校贯彻落实校园足球的各项方针政策进行检查、指导和反馈，防止各个学校对校园足球的相关政策落实不到位。

校园足球的经济环境，是指校园足球所面临的社会经济条件及运动状况、发展趋势、资源等情况，是制约校园足球发展的重要因素。社会经济为校园足球发展提供物质基础，校园足球发展所需要的场地器材需要得到社会经济的支持。社会经济发展好，国家才有更多的财力和物力投入到校园足球中，家长也更有能力为自己孩子参与校园足球提供支持。经济发达国家的历史也表明，随着经济的发展，人们对运动的关注和投入会越来越多。

此外，校园足球的发展也能为经济发展提供助力。校园足球的发展能带动相关产业的发展。这些产业包括场地、器材、服装、餐饮等相关产业。促进这些相关产业形成高质量、可持续的发展水平与动力，其中最重要的是足球赛事经济的发展。在校园足球运动盛行的国家，各级赛事都能吸引众多来自不同产业、不同地域、不同职业的人群，形成对赛事的积极的促进性消费。总之，校园足球的发展既依赖于社会经济的发展，在经济社会发展的大环境中获得与经济社会发展相适应的发展，同时，也能反过来带动经济社会的发展，推动经济社会的进步。

郭天琪在《库尔勒市初级中学校园足球开展现状调查与研究》一文中通过对库尔勒市初级中学足球开展现状从客观到主观的剖析，发现库尔勒市校园足球的场地设施状况需要改善，其中足球场地面积不达标，用于训练中的配套器材和设施中专门的辅助性器材较少是主要问题。同时，参加校园足球联赛需要经费投入较大，学校对于参赛的资金压力比较大，需加强经费投入，传统的经费来源渠道需要改善。侯文卿在《新乡市区校园足球特色学校（初中）足球活动开展现状研究》一文中，通过对新乡市全国校园足球特色学校中的8所初中进行研究，得到如下结论：新乡市区校园足球特色学校的个别学校的场地设施需要修复；校园足球活动开展缓慢，基础差，普及率低；资金的投入不到位，基层学校的训练、比赛经费难以落实。

校园足球的体育环境是指除了学校体育之外，大众体育与竞技体育的发展状况，尤其是大众足球与竞技足球的发展状况。大众足球、竞技足球和校园足球，可以说是足球的一体三面。彼此之间是相互联系、相互影响的。我国校园足球得以推进的部分原因，是源于我国当前竞技足球的水平与人民对足球发展的期望相差太远，从而寄希望于通过大力发展校园足球，提高我国青少年足球运动水平和整体素养，为国家队输送更多高级足球人才。校园足球的发展受到竞技足球的影响。当前，部分足球教师是来自竞技足球领域，因此，竞技足球中的负面情况可能会影响校园足球的发展。比如，校园足球中过度训练的问题，重成绩而不重视整体素养的问题。这些问题部分原因是竞技足球中存在的问题所带来的。当然，校园足球的良性发展，会促进大众足球和竞技足球的发展。比如，校园足球能够为大众足球和竞技足球提供源源不断的高水平后备人才，营造积极健康的足球运动环境。

第二节 校园足球的规范环境

规范环境，是在教育生态学中得到广泛应用的一个概念，是指在社会生活中所形成的基本的行为偏好、风俗习惯、态度与价值观等。规范环境是人类社会所独有的，人们在长期的社会生活和实践过程中，在人与人的互动交往、相互联系中逐步形成的。不同区域、不同阶层、不同类群在社会生活中都形成了不同的社会规范。社会规范也会随着社会的发展而处于变化中。

规范环境不是物质化的环境，是弥漫在校园足球周围的氛围、色调，主要从心理层面对校园足球发生不同程度的作用。这种规范环境虽然是"视之不见""听之不闻""搏之不得"，但对校园足球的发展却具有十分重要的价值与意义。规范环境与社会环境一样也是具有嵌套性的，从内向外大致可分为以下三种：学校体育中的规范环境、学校教育中的规范环境和社会中的规范环境。

一、学校体育中的规范环境

在学校体育中，也弥漫着通过社会规范传导到学校体育的各种各样的偏好、习惯、态度与价值观等。现在有多少学校在体育课中开展单杠和双杠教学？还有多少学校开展前滚翻和倒立教学？这些看上去有可能让学生有所磕碰、具有一定危险性的项目，很少在学校体育中出现。在一定程度上，学生参与体育运动的危险性是减少了，但是学生在身体上得到充分发展与锻炼的机会，勇于拼搏、勇于挑战自我的精神也减少了。

学生的身体不能得到充分的锻炼，身心难以得到充分的成长。我们在考虑校园足球问题时，必须要考虑弥漫在学校体育中规范环境的影响。规范环境问题得不到有效解决，校园足球问题是不可能真正得到有效解决的。

二、学校教育中的规范环境

在学校教育与教学中，起主导作用的是成人的思想印记。这种印记是社会规范环境在教育上的印记。社会上的各种偏好与价值观，基本上没有障碍的被传导到教育层面。当前教育层面对社会规范的继承达到了前所未有的高度。如果社会是功利性的社会，那么教育就变成了功利性的教育。

在管理者的群体中，占有主流地位的观念是以升学指标为标准，素质教育和学生的全面发展并没有统一的、可操作的评判标准，也难以为管理者带来声誉和利益，远比不上升学率重要。因此，学校的工作重点全面围绕学生的升学展开，一切能提升升学率的做法都可能得到支持，否则就可能遭到反对。管理者不是从教育规律出发，而是从政绩和个人利益出发，这种做法，是社会上"利益至上"的负面观点在教育领域的传导和具体表现。

近些年来，一些学校在体育项目上的做法越来越保守，如运动会取消长跑项目，不组织篮球、足球等对抗性竞赛项目，取消春游、秋游活动等。这些对学生发展有益的项目，因为存在安全隐患且不能对学生升学起到明显作用，所以被取消。这样的做法对校园足球的发展产生了十分深刻的影响。校园足球的发展也受到功利性的影响，比如，一些学校看到评上校园足球试点学校能带来一定的好处，所以就组织力量积极进行申报。而在申报结束后，并没有真正投入多少精力进行校园足球建设，而仍是将校园足球放在可有可无的地位，即使重视也只是重视校园足球队的训练与竞赛工作，而对校园足球课和课外活动并不重视。以某学校为例，该学校的足球队成绩在区里的排名连年第一，但实际上在校内基本没有开展班级联赛。

当前，在一些不良社会价值观的影响下，一些教师也形成了不良的价值观，做出了与教师身份不符的行为。有的老师在节假日会收取家长的礼物，有的教师办课外辅导班。教师为什么会收取家长的礼物？为什么会在课外办辅导班？乍看起来，这可能是部分教师的价值观和教学行为产生了错误认识与偏差。但是深入思考就会发现，教师的价值观和行为受到了社会价值观的规范和影响。而这些影响往往是教师身边的不同群体所施加的结果，不同群体所施加的影响恰恰是社会价值观的社会传递。总体上来说，不是所有的教师都选择了收取家长礼物和举办课外辅导班。但在教师的成长环境中，确实形成了一定的氛围，而且这种氛围具有一定的传播效能和影响力。这种传播效能和影响力在一定程度上影响了部分教师的教育观，影响了部分学校的教育教学质量。因此，这种影响是必须被消除的。

当前，在学校教育环境中，家长与老师之间也缺乏一定的信任。一旦学生在学校出了问题，家长往往会与学校对簿公堂。上体育课和参加训练与竞赛难免磕磕碰碰，具有一定的危险性，甚至会出现学生受伤情况。在这种情况下，学校一般会要求体育课安全第一，能少开设就少开设，能不开设就不开设。这种状况确实对校园足球产生了一些不利的影响。

三、社会中的规范环境

在社会中，人们往往都脱离了自己的意愿，在照顾别人意愿的基础上生活。因此，人们往往生活在各种各样的社会成见中，这本身即是社会规范。

为什么在当前校园足球运动中，女生参与的并不多，尤其是到了中学更是屈指可数？这一般与社会对女孩和男孩的社会性别认知有关。为什么女孩不适宜参与体育运动，为什么女孩不能参与校园足球训练与竞赛？其实在生理上并没有证据支持，只是在文化上存在着某种成见。在社会文化中，一般期望女孩性格文静，期望女孩在艺术方面有所发展。家长受到这种文化价值观的影响，也按这样的期望去培养自己的孩子，而难以根据每一孩子不同的期望和身体素质基础去培养她们。这实际上是成人的价值观决定了一个女孩是去学习钢琴艺术，还是去进行足球训练。

综上所述，我们能够得知，学生的学习成绩与学生本身对学业的重视，以及学校和班主任老师的重视是密切相关的，并非参加足球训练就会影响学生的学习成绩。因此，在学生运动员关注自身学业水平的同时，学校应当制定相关规定为学生运动员的文化课学习提供保障，班主任老师也应该承担相应的责任，这样不仅可以免除家长的后顾之忧，还可以使学生得到全面发展，成为一名品学兼优的运动员。

为什么家长会投入如此多的精力、时间与钱财用于孩子的文化课学习，而不是在体育运动上。这种做法恰恰与当前社会对"什么是成功人士"的观念相符合。在社会中，对什么是成功人士的观念是固化的，成功与社会身份、地位、经济条件相关，而与是否发展了自己的特长，是否感到幸福，是否健康等难以具有直接的相关性。与此相应的是，成功学生的观念也是固化的，与学生的文化课成绩高度相关，与是否考上大学，考上好大学相关，而与学生的品德、身体健康、生活能力等难以具有直接的相关性。这样的成见并没有理论和现实的正确性，但确实在长期社会生活中形成并影响着学校教育和校园足球的发展。所以，发展校园足球，就要打破一些成见。

第三节　校园足球的自然环境

自然环境是相对社会环境而言的，是由水土、地域、气候等自然事物所形成的环境。自然环境是社会环境和规范环境的基础，而社会环境和规范环境又是自然环境的发展。自然环境不仅与社会环境和规范环境之间存在着相互影响，与校园足球之间也存在着深刻的相互影响关系。

一、生态学视野中自然环境

随着人类活动范围的扩大与多样化，人类与自然环境的关系问题越来越突出，自然环境的污染问题越来越严重和明显，生态保护的呼声也越来越高。

在生态学中，自然环境污染问题是一个重要课题。因为自然环境的污染已经达到了令人触目惊心的程度，已经对人类自身的存在和发展产生了十分重大影响。以最常见的塑料污染为例，目前，陆地和海洋中已经存在大量的塑料污染物。2017年，在土壤、水、蚯蚓体内、母鸡的粪便和胃里，都发现了微塑料。这是首次证实，微塑料已进入陆地食物链。目前，太平洋上有一个以塑料垃圾为主要成分的垃圾岛，被称为"泛太平洋垃圾带"，面积有16.20万平方公里。这个面积跟三个法国差不多一样大。在海洋中，各种鱼类的食道里，时常发现塑料碎片。这些微塑料经食物链传递至人类，经身体吸收后，将可带来不同严重程度的健康问题，比如癌症。

随着社会的快速发展，自然环境污染问题越来越严重，甚至开始与每个人息息相关，所以，人们越来越重视生态问题，开始强调生态发展。"世界地球日"由盖洛德·尼尔森和丹尼斯·海斯于1970年发起，这是一个专为世界环境保护而设立的节日，旨在提高民众对于现有环境问题的意识，并动员民众参与到环保运动中，通过绿色低碳生活，改善地球的整体环境。

2009年，联合国首次正式确定"世界海洋日"。联合国希望世界各国都能借此机会关注人类赖以生存的海洋，了解海洋自身所蕴含的丰富价值，同时也审视全球性污染和鱼类资源过度消耗等问题给海洋环境和海洋生物带来的不利影响。我国一方面积极倡导和宣传保护环境、保护地球的生态理念；另一方面积极行动起来，参与世界地球日和世界海洋日活动。大力提倡"绿水青山就是金山银山"的发展理念，在实践中不断加强环境的治理和生态的修复工作，重新恢复绿水青山。

生态学中自然环境按人类对它们的影响程度以及它们所保存的结构形态、能量平衡可分为原生环境和次生环境。原生环境受人类影响较少，原生环境的物质的交换、迁移和转化，能量、信息的传递和物种的演化，基本上仍按自然界的规律进行，如某些原始森林地区、人迹罕至的荒漠、冻原地区、大洋中心区等都是原生环境。随着人类活动范围的不断扩大，原生环境日趋缩小。次生环境是指人类活动影响下，其中的物质的交换、迁移和转化，能量、信息的传递等都发生了重大变化的环境，如耕地、种植园、城市、工业区等。校园足球的自然环境便是次生环境。这种次生环境，是人类改造原生环境，使之适应于校园足球的需要，促进校园足球的发展而形成的，它虽然在景观和功能上发生了改变，但仍然受自然规律的制约。

二、自然环境对校园足球的影响

校园足球生态系统的自然环境有大小之分，即宏观的自然环境和微观的自然环境。宏观与微观的分类，是从地域的角度出发的。宏观就是比较大的地域校园足球的自然环境，比如一个国家的整体的空气质量，这会影响整个国家的校园足球发展，可称为校园足球的宏观自然环境。微观自然环境是指一个地区或者一所学校周围的自然环境，这样的自然环境有明显的地域特色，比如东北地区的学校冬季漫长且气温低，相对江南地区的学校，在发展校园足球方面要更多考虑冬季气候的影响。

校园足球活动是在自然环境之下开展的，必然受到自然环境的影响。自然环境对校园足球的影响主要体现在两个方面：一方面是通过参与校园足球的学生的身心健康来施加影响；另一方面是通过影响校园足球活动开展的方式来施加影响。

大气污染会对校园足球产生影响。大气污染对呼吸系统的影响最大，会引起慢性支气管炎、支气管哮喘、肺气肿、肺癌等疾病。校园足球大部分是在室外足球场开展的活动，参与活动的学生直接暴露在空气中，再加上参与校园足球活动过程中，人的神经系统兴奋性提高、物质代谢加强、体温上升、肺通气量和吸氧量增加，会使得更多的大气污染物通过呼吸道进入人体，对人体的心肺造成更大的危害。所以，一般在雾霾较重的天气，学校通常会停止当日的校园足球活动，这会影响校园足球活动的持续性和效果。如果不改善自然环境，提升环境质量尤其是空气质量，校园足球运动的发展受到自然环境的影响必然越来越大。

水体污染和土壤污染也会对校园足球产生一定的负面影响。水体污染和土壤污染会通过食物链的传导，对人类的身体产生一定的危害，会增加一般疾病和癌症等重病的发病率。校园足球活动是学生通过身体进行足球运动，对学生身体素质有一定要求。如果学生经常生病，势必会影响校园足球的开展。保持环境健康是对学生身体健康发育具有重要意义的大事。

气候也会对校园足球产生制约。校园足球是在校园里开展的足球活动，是以学生的身体健康为第一目的的活动。虽然在体育运动专业训练方面，我们强调"夏练三伏，冬练三九"，但在校园足球层面并不完全适用。当夏天气温太高时，校园足球活动就不宜开展，因为这时青少年更容易产生中暑现象；还有刮大风，下雨雪时，都会影响校园足球活动的开展；江南地区梅雨季节来临时，室外体育活动也不好开展，相应的校园足球活动都要改为室内。因此，随着地域的不同，气候对校园足球运动产生的时间和影响也不尽相同，但都在一定程度上制约着校园足球的发展。

对部分学校而言，地形地貌也是重要的环境因子。一些学校可以在足球训练时，利用学校内外的地形地貌进行训练，比如，学校内部或者周边有坡度不大的小山，可以利用这些小山进行体能训练。有的学校校内场地不足，也可以利用学校周围可利用的天然草地进行足球训练。因此，如何因势利导，充分运用学校内部和周围的自然资源发展校园足球运动，不仅是一项涉及人力、物力和财力的投入问题，也涉及相关人员的聪明才智发挥的问题。

三、校园足球中的自然环境保护

校园足球活动既受到自然环境的影响，又要将保护环境作为一项重要理念和原则来执行。

场地器材的建造与使用上要遵循环保的原则。首先，在场地器材建造上，要使用环保材料，避免有毒材料以及具有污染性的材料的使用。有些学校在修建体育场上，选择了一些具有挥发性的有毒材料，以及具有一定程度的污染性的材料。建成的体育场馆，虽然外观华丽，但对学校环境造成了污染，更是对学生身心健康造成了不同程度的负面影响。也有些学校在选用足球相关器材时，选用了一些根本不合格的运动器材，或者选用了一些表面合格而实际上不合格的运动器材。这些不合格的器材，会产生一定的有毒气体，也会对环境和学生身心健康造成一定程度的不良影响。国家推动学校发展校园足球，这对学校发展、学校体育事业的发展、学生身体健康的发展，是一件有意义的事情，在场地器材的建设等方面，一定要严谨，不能把一件有意义的事情，办成一件对学校发展和学生身体健康发展产生负面影响的事情。其次，校园足球的相关器材应当物尽其用，避免浪费。在实践中，学校应该对运动器材的损耗、更换等有明确和具体的规定，并且在管理制度上不断完善，确保物尽其用。比如，足球损耗到什么程度应当进行更换，更换后的足球有没有其他的用处，在校园足球训练中是不是可以借用其他项目的器材等实际问题。第三，还需要考虑因地制宜的问题，比如有些学校校内有一些山坡或者草地的，也可以在安全性保证的前提下视为教学场地。

校园足球活动要遵循环保原则。在日常的校园足球教学、训练和竞赛中，一定要向学生传递环保的理念，并将其化为学生的实际行动，使他们在成为校园足球运动员的同时，也能成为环保志愿者。比如，在训练过程中，建议学生用水壶带水，而不是带矿泉水；每次训练后，养成收拾场地上垃圾的习惯等。这样，参与训练的足球运动员不仅在自身的运动技能上得到提高，更在自身的素养上得到提升；通过这样的教育和学生的环保行动，能使他们成为环保的宣传者。他们在哪里训练，他们的环保行动就带到哪里，他们在哪里比赛，他们的环保行动就能影响观赛的足球爱好者，带动更多的群体参与到环境保护中来，共同为环境保护贡献自己的力量。使他们成为环境保护的积极力量，成为环境保护理念的宣传者、行动者和引领者。

第三章　校园足球生态结构

在普通生态学中，生态系统结构是指生态系统构成要素的组成、数量及在时间和空间上的分布和各组分间能量、物质、信息流的途径与传递关系。

普通生态学中生态系统结构主要包括组分结构、时空结构和营养结构三个方面，其中最主要的结构是组分结构中的营养结构，因为营养结构能说明系统各组分之间是如何联系、如何影响的，进而影响着生态系统的组分结构和时空结构。营养结构是联系自然生态系统的主要结构，是自然生态系统赖以生存的主要方式。校园足球生态系统是人工生态系统，与一般自然生态系统有明显区别。校园足球生态系统各主体皆是人，相互之间不存在取食与被取食关系，因此不存在营养结构。

那么，在校园足球生态系统中，是什么将各生态因子联系在一起的呢？正是在校园足球育人活动中，各主体和环境交织在一起。所以，校园足球育人结构是校园生态结构的主体结构，它决定着校园足球的组分结构和时空结构。

任何生态系统皆有相对稳定的结构，但相对于自然生态系统，校园足球这一人工生态系统的生态结构受到各种因素的影响而发生变化的概率更大，更有创设性。相对于自然环境的稳定来讲，校园足球的社会环境变化是常态，没有社会环境的变化，也就没有校园足球的产生与发展。所以，根据环境的变化来调整与完善校园足球的生态结构，以使校园足球各主体的潜力得到发展，育人功能得到发挥，是校园足球生态结构研究的重要工作。

第一节　校园足球的育人结构

校园足球是一种学校体育教育活动，本质功能是对学生实施足球教育，促进学生足球技能提高和全面发展。校园足球生态系统的育人结构由四个基本部分构成，即校园足球管理者、校园足球教育者、校园足球受教育者和校园足球辅助者。

探讨校园足球生态系统结构要明确校园足球生态主体有哪些。校园足球生态系统在理论上是教育生态系统的子系统，在教育生态系统中，一般认为生态主体有三个，即教育者、受教育者和管理者。本书认为校园足球的生态主体应当有四个，即教育者、受教育者、管理者和辅助者。在校园足球的生态主体中，家长是典型的辅助者：第一，在教育生态学中，家长通常作为环境要素的一部分，对教育起一定的影响作用。但在校园足球生态系统中，家长是必不可少的生态主体。这是由校园足球本身与环境所决定的，属于校园足球生态系统的特点。第二，在一般文化课的学习中，家长一般被视为学生学习的辅助者，对学生的学习具有间接的影响，不起直接作用。虽然在教育生态学中，家长一般被看作环境因素，但在校园足球生态中并非如此。当前，在校园足球实践活动中，相对一般文化课家长有更大的作用，参与度更高，理应视为活动主体。很多调查表明，家长对学生参与校园足球运动是否支持，是影响学生参与校园足球训练与比赛的一大因素。因此，像家长这样能发挥较大影响的因素，应该被认为是校园足球生态系统的一大主体要素。将家长纳入校园足球生态微系统的生态主体，既具有理论意义，又具有现实意义。这主要表现在三个方面：一是能更好地促进校园足球生态系统结构向有序化发展，从而提高校园足球生态系统的功能；二是能更好地解释一些校园足球现象，更有利于解决一些校园足球问题；三是能促进家长更多地参与到校园足球活动中，从而促进校园足球运动的发展。

校园足球的生态主体有三个层次，分别为个体主体、群体主体和系统主体。个体主体就是校园足球生态系统中教育者个体、受教育者个体、管理者个体与协助者个体。个体主体属于生态研究的微观视角，在书中不做过多探讨。校园足生态研究不用自然生态研究中的生物种群的概念，因为校园足球所有主体都是人，都是同一个种群，无法研究相互关系，所以引入社会学的群体概念。群体与个体相对，是个体的共同体，校园足球的群体主体就是个体的共同体形式。系统主体是更大的共同体，是校园足球生态系统中所有主体的系统统合，是整体主体，也是单一的没有相互关系，也没有形成结构的可能。基于以上分析，在本书中的生态主体主要指群体主体，有时也兼顾个体主体。

一、校园足球的受教育者

校园足球的受教育者主要指学生，作为受教育者的学生是校园足球中最重要的生态主体，校园足球生态系统是否运行良好，归根到底是要看学生是否实现了全面发展。判断校园足球发展优劣，不能以建立了多少校园足球试点县和试点校为标准，也不能以有多少人参与了校园足球运动为标准，而是要关注数量基础之上的质量，即有多少学生通过校园足球运动提高了足球技能，获得了全面发展，成为适合当前社会发展需要的人才。

校园足球中的学生，分为一般学生和学生运动员。无论是一般学生还是学生运动员，都是校园足球发展的目标主体。校园足球肩负着普及和提高的教育任务，是实现学校全面发展人的目标的重要一环。无论是从国家层面，还是从单个学校层面来看，没有普通学生在校园足球中的发展，只有学生运动员的发展，并不是优质的校园足球生态发展。一般学生群体是校园足球中发展的基础，是校园足球发展的氛围。学生运动员群体是校园足球中的明珠，引导着校园足球更加深入地发展，激发着学生参与足球的动力。一般学生受到学生运动员的激励，有成长为学生运动员的可能。在学生时期有一个好的足球运动体验，有可能促使他们成为一名家长后，去支持自己的孩子从事足球训练。学生运动员也可能转化成为一般学生，很多小学阶段参与足球运动训练的学生，到中学以后就不再参与足球运动，而选择成为普通学生中的一员，这部分学生有可能成为普通学生参与足球的助力，也有可能成为阻力，关键还是看过去足球训练的质量，包括这部分曾经的学生运动员的学习态度和道德情感。如果学生运动员成为班级学习纪律的破坏者，则难以对普通学生进一步参与校园足球活动产生有利影响。因此，普通学生和学生运动员之间的和谐共生，相互促进和转化是未来校园足球生态构建的重要一环。

学生在校园足球中并不是被动地发展，学生有其自身的主动性，大部分学生喜欢参与足球运动，尤其是小学阶段的学生，基本上都比较喜欢足球运动。但这种单纯的喜欢并不代表他们会参与足球训练与比赛，也并不代表他们会为成为一个优秀的足球运动员而愿意付出艰苦的努力。所以，即使校园足球中大部分学生对足球运动持有积极态度，仍需要管理者和教育者精心设计校园足球的开展形式和方法。也有一部分学生，因种种原因而对参与校园足球有抵触情绪，不喜欢参与到校园足球中来。

学生之间的相互影响是校园足球育人功能能否达成的又一关键因素。学生不是孤立的个体，是处于群体之中的个体。假如电子游戏在学生群体中流行开来，如果学生之间以谁在电子游戏之中的等级高为荣，那必然会影响学生参与校园足球的动力与意愿；与之相反的是，学生以谁学习又好，足球踢得也好为荣，那么就会激励学生更多地参与校园足球运动。假如足球校队中的运动员大都是学习好的学生，参与其中的人通常会自觉地更重视学习。相反，如果球队中都是文化课学习差的学生，甚至以认真学习文化为耻，则有可能形成文化课学习全面下降的现象。因此，在学生群体之中，有一个合适的心理环境也是校园足球发展的关键。

同时，校园足球的学生主体又不仅是校园足球的学生，还是更广泛的教育系统中的学生。这些学生也是校园篮球、校园网球的学生，也是参加文化课学习的学生。其他运动项目的学习经验和感受会对校园足球中的学生产生一定的影响，因此，其他项目的学习对学生日后足球技能的长远发展具有重要意义。相应的文化课的学习也会对校园足球中的学生产生影响，在文化课学习上能取得成功的学生，同等条件下，在足球方面未来成就也会更高，尤其是对技战术的理解上，会更快更深刻。参与校园足球运动的学生是复杂的、多元的主体，而不是单一的主体。

二、校园足球的教育者

校园足球的教育者主要指参与到校园足球活动中的体育教师。校园足球中的教师群体，分为带队足球教师和一般足球教师。其中，带队教师除承担校园足球的上课任务以外，还负责学校校足球队的训练与比赛工作，是足球教师中的中坚力量；一般足球教师只担任校园足球课上课任务，是校园足球中的基础力量。这两类教师群体之间并没有不可逾越的鸿沟，身份会经常转变。带队足球教师任务重大，在校园足球的发展中至关重要，决定校园足球的发展前景和希望。带队足球老师的业务素养和道德品质，是影响校园足球中运动水平和体育精神发展的关键因素。一般足球老师责任同样重要，他们决定校园足球的普及水平，在引导更多的学生选择进入校队训练方面起到不可替代的作用，也为校园足球运动氛围的营造贡献力量。带队足球教师和一般足球教师是一个整体，两者之间密切配合，才能使各自的功能得到更好的发挥。任何一个校园足球发展好的学校，必不可少的便是学校中有对待校园足球训练特别用心的体育教师群体。

校园足球的教育者是校园足球发展的关键要素，决定着校园足球发展质量。校园足球运动在一些学校中是否能真正开展，取决于这些学校有没有真正想干事的体育教师，取决于想干好校园足球的体育教师的专业水平、专业追求和道德水平。体育教师的足球专业和教学水平高，就能实施更高效的足球教学和训练，也就能让学生更多体验到足球学习的乐趣；体育教师有更高专业追求和道德水平，就会在足球教学和训练上更为努力，就会更加注重学生道德品质的培养，进而就会更注重学生在足球教学、训练和比赛中的道德表现。这有利于形成良好的校园足球文化氛围。

体育教师在校园足球中是教育者，但同时自身也是另一种层面的受教育者，要接受校园足球相关内容的培训和专业提升，这种培训可以是官方主办的，也可以是体育教师的自主追求。当前参与校园足球的体育教师大部分足球专业水平不高，教学和训练水平相应也不够好，教学和训练的效果不能让人满意，虽然官方注重对体育教师的培训，但培训内容和方式还存在一些问题，培训的效果还没有达到良好的状况。短时间的集中培训，尤其是高水平教练员的指导确实可以让体育教师开阔视野，接触到更多更好的教学方法和训练方法，但需要长时间的消化，而这种消化大多情况下并没有完成，消化需要体育教师投入更多的精力，促进体育教师进行这一工作的机制仍没有形成。作为教育者的体育教师的自身教育工作仍需努力。

在校园足球运动中，体育教师的职业追求受到其他体育教师的影响。体育教师的职业追求情况如何，不仅和自身的理想价值观有关，还与周围人的理想价值观，以及自身努力和回报相关。体育教师作为一个群体，其职业地位，相对来说一直不高。体育教师的工作业绩既没有较为成熟的标准来衡量，又没有相关的奖励制度。对于足球队的体育教师而言，相对来说还好一些，足球队的成绩，以及学生向上一级学校的流动，能在一定程度上说明他们的工作成绩。但教足球课和参与其他足球活动的体育教师的工作质量难以衡量，也缺少衡量的动力。这造成了工作中努力付出也不会有好的产出的情况时有发生，长期下来会影响部分体育教师的积极性。在体育教师内部也会有交流和比较。在校园足球中受益的体育教师也会给其他教师带来冲击。所以，让真心参与校园足球、对校园足球作出贡献的体育教师受益是校园足球发展的另一个必须考虑的因素。

目前，无论是校园足球带队老师和一般足球教师，整体数量和质量皆存在提升空间。校园足球教师数量上的不足，会造成一些学校无法顺利开展校园足球活动；校园足球教师质量上的不足，则会造成一些学校校园足球活动的水平不高。无论是校园足球教师的数量还是质量，都是校园足球发展中的制约因素，对校园足球生态系统地建立起重要作用。

三、校园足球的管理者

校园足球的管理者可分为校外管理者和校内管理者。校外管理者主要指国家和地区层面校园足球管理职能部门，其中主要是教育部门和体育部门。国家层级的校园足球管理部门责任重大，担任校园足球活动的发起、推动、监督、评价等功能。国家级校园足球管理者，要做好校园足球的顶层设计，为校园足球的整体发展做好规划，采取相应的措施推动校园足球发展，包括推动各级媒体对校园足球进行宣传，开展校园足球相关项目的立项，设计和组织校园足球教师的培训，规划和组织各级各类训练营与比赛，落实和组织各类学校的校园足球资金与器材投入等。我国校园足球活动是国家推动的，从理念形成和资源分配上，国家管理者占支配地位，对校园足球活动的开展起决定性的作用。地区级管理者主要负责本地区内的校园足球管理工作，起承上启下作用；主要任务是根据国家的政策和要求，制定本地区校园足球的发展和规划、指导和组织本地区层面的校园足球活动，为地区内校园足球的发展提供物力和人力支持，形成区域校园足球特色，为校园足球的大发展探索新路径。地区级管理者是区域范围内校园足球发展的责任者、主导者、组织者、推动者，决定着区域校园足球发展的大方向。校内足球管理者是校园足球的基础管理者，是国家意志能否落实的关键。校内管理者通常是指校长和主管体育工作的副校长。校内校园足球管理者通常也是学校教育其他事务的管理者，经常要在考虑学校整体发展基础上实施校园足球管理。他们是学校个体校园足球发展的关键一环，决定校园足球的投入和氛围，决定着校园足球发展的上限。

校园足球的管理者之间也存在相互影响，一是不同层级的管理者之间存在着相关影响；二是同级管理者之间也存在着相互影响。不同层级之间管理者所处的环境不同，在关于校园足球发展的视野、目标和价值上会有不同，国家层面的顶层设计在基层执行起来有时会遇到这样或那样的阻力，难以真正落实；基层管理者所面对的现实困境是具体而细微的，国家层面的管理者往往难以将所有具体情况都概括周详。在校园足球生态系统建设方面，需要国家层面管理者、地区层面管理者、基层的管理者进行更多的交流和沟通，形成管理合力。同级管理者相互之间的影响更为直接和深远，同级管理者大都处于一个生态环境下，之间甚至有利益纠缠，相互之间存在竞争。管理者之间的竞争如果能形成良性竞争，而不是恶性竞争，就会促进共建校园足球发展的良好生态。

四、校园足球的辅助者

校园足球的辅助者是指对校园足球发展有辅助作用的生态主体，主要是指学生家长群体。校园足球中的家长群体分为学生运动员家长和一般学生家长。这两类群体也不是固定的，经常处于转化之间。家长是校园足球发展中的关键一环，因为家长虽然不能决定学生是否上足球课，但却是决定学生是否参与训练和比赛的重要决定因素。在我国目前社会环境下，学生是否参与足球训练与比赛，主要决定权在家长，学生以什么样的心态参加校园足球训练，既与比赛相关，又和家长息息相关。当前，校园足球发展的阻力也有家长因素，有很多家长因为担心孩子参与校园足球训练与比赛而影响文化课学习成绩，不愿意让自己的孩子参与；

也有很多家长带着功利性的思想支持孩子参与校园足球训练和比赛。事实上，无论是学生运动员家长，还是一般学生家长，都在学生身体素质养成和心理品质养成上发挥重要作用。在家庭中，学生饮食是否得当，睡眠时间是否得到保证，心理环境是否健康等，这些影响学生发展的重要因素都会受家长影响，而学生的身体素质和心理品质又是校园足球发展的基础，所以，家长在校园足球发展方面有重要作用。

在实际中，校园足球中的家长中既可能发挥辅助作用，又有可能起到阻碍作用，也可能在某一阶段是辅助作用，在下一阶段是阻碍作用。比如，在小学阶段的家长是辅助者，到了中学后家长可能成为阻碍者。在当前社会，家长是被裹挟着投入到应试教育的洪流中。在小学阶段，大多家长都比较关注孩子的身体健康，对校园足球有支持态度，也乐意为参加比赛的孩子进行装备和训练的投资，甚至会对小学阶段学校没有每年安排一次校内足球比赛而有所不满；但当孩子升到初中后，家长就会考虑孩子还要不要参与校园足球训练和比赛，会不会影响以后的中考和高考。这是因为在这个阶段，家长开始重点考虑孩子的文化课学习了。在校园足球运动中继续参与的孩子，大都是家长大对孩子的文化课学习失去信心的，想让孩子通过足球来实现升学的目的，实际上是为孩子谋划以后的成长道路。这种现象将是校园足球长期面对的现象，也是需要努力改变的现象。

五、校园足球的育人结构

在校园足球生态中，从整体上看四个主体的关系是整体关联的，即任一主体都和其他主体存在相互影响的关系，每一主体的认知、态度与行为都会影响另外三个主体。校园足球四个主体在校园足球生态中有各个不同的作用与功能。教师、家长、管理者构成了教育学生的多元责任主体，他们承担各自独特角色责任。学生是校园足球活动开展的载体，是校园足球活动的参与者；教师担负着具体的校园足球教学、训练与竞赛工作，是校园足球活动的执行者；家长担负着校园足球训练与竞赛的支持责任，是校园足球活动的辅助者；管理者担负着校园足球的管理协调、监督评价、经费与技术支持和训练与竞赛的组织管理的责任，校园足球管理者通过调整和控制各种政策、资源，协调各方关系，平衡各方利益，以调动各方的积极性，充分利用资源，完成校园足球发展目标，是校园足球活动的发起者、协调者和推动者。学生、教师、家长与管理者在校园足球生态既有各自不同的角色定位，又相互依存与相互影响。构成了校园足球生态系统的育人结构。校园足球生态育人结构的协调表现为各生态主体要素都能各司其职，有序、合理联系，如图3-1-1所示。

图 3-1-1 校园足球生态育人结构

校园足球的生态主体结构是围绕着学生主体建构的。学生是校园足球活动开展的主体和目的，开展校园足球是为了学生的发展，为了使学生健康发展、成为符合社会需要的人才、优秀的足球运动参与者和足球运动员。为了达到这一目的，管理者、老师和家长从不同的功能层面对学生主体给予支持。校园足球是围绕学生主体展开的，但每个主体的变化都会对学生主体产生影响，也可对其他主体产生影响，最后又传导到影响学生发展上。下面就其他三个主体对学生的直接影响和间接影响展开探讨，其中间接影响就是其他主体之间的相互影响。

管理者和教师之间是管理与被管理者关系，同时也应是管理者与参与者的关系，更应是支持者与被支持者的关系。在校园足球实践活动中，管理者不仅是制度的制定者，还是很多活动的直接组织者。目前体育教师的足球培训活动是由管理者进行组织的，这可以说是教师的业务水平提升的支持者。教师和管理者之间关系是否和谐也是重要环节。管理者在管理过程中，要适当放权，分清什么是应当管、什么不应当管，充分发挥体育教师的专业自主权，充分调查基础体育教师的真实需要，而不是只做消耗资源而不能有多大产出的事。教师要有专业意识，在应当发声之时，不能默默无言。管理者和教师之间不是单纯的管理关系，应当建立起协商共进关系。只有这样，教师在校园足球活动中才能享受职业的尊严和幸福。

基于当前国情，足球教师的数量和质量是与管理者息息相关的。足球教师的数量和质量提升，需要教育部门和体育部门双方共同的努力来改变。从长期来看，中国校园足球的发展需要在师资培养上进行一定的规划，对当前的体育师资培养进行相应改革。从短期来看，国家正在努力推动的是引进外籍优秀教练，引导学校聘请校外教练，对存量体育教师进行各种形式的培训等方式方法。从目前来看，国家在足球运动方面的投入是比较大的，也取得了一些明显效果，但在培训方式上还有提升之处，应当进一步发挥网络培训的作用，发挥基层优秀教师的作用。毕竟优秀基层足球教师的做法和经验是最适合当前我国校园足球发展的做法。管理者要充分发挥国内外、足球专业人士和基层优秀体育教师多方面、多层次的作用，才能对教师主体有更为深远的正面影响。区域管理者对区域内的足球老师的数量和质量也有非常深远的影响。区域管理者可通过指标倾斜等政策，让学校获得更多的足球教师，也可以提供经费和人力资源，为区域内学校获得校外足球教师提供支持，或组织优秀足球教师进行区域内共享。

管理者和学生之间是规划与被规划、组织与被组织、管理与被管理、支持与被支持的关系。管理者要规划校园足球的发展方向、规划学生达成的目标、组织校园足球训练与比赛。生态学的观点追求和谐共生。如果学生只能被动地接受管理，是与生态学理念不相符的。管理者在制定校园足球发展规划、校园足球活动规章制度时要考虑到学生主体因素和学生需要及意见，要有服务学生的意识。学生也应主动参与到校园足球管理活动中，提出一些反馈意见，甚至成立自我管理组织，完成一些传统校园足球管理者的职能。

校园足球学生数量和质量也会受管理者影响。校园足球的发展需要校内管理者的支持与管理，只有校内管理者的真心投入，学校的校园足球氛围才能活跃，参与足球的学生人数才能增多。央视足球频道已经将校园足球当成一个重要的内容来进行报道推广，这与管理者的努力是分不开的。正是这样的报道，给校园足球从事者提供了展示自己的机会，相互之间也有了借鉴的机会，也给了学生和家长激励，吸引着更多的教师、家长和学生参与到校园足球中来。正是因为管理者为校园足球规划好的训练营和四级联赛，学生才有了更多发展的可能，也才能吸引更多的学生参与。管理者既通过组织训练和比赛来提高学生的足球水平，也通过对教师的培训来提高。当然管理者的管理水平和管理效果有时也会对学生参与校园足球，以及校园足球的发展质量产生负面的影响，假如对学生运动员的选择没有起到公正公平和激励作用，则会影响校园足球的长期发展。

家长与管理者之间相关联系相对较弱，但仍存在一定支持与反馈关系。家长和管理者之间的关系是否融洽发展，管理者占主导地位。首先，家长参与校园足球活动需要管理者进行规划、指导与提供机会。如果家长对校园足球的发展规划缺乏了解，对管理者的能力和品质缺乏了解，对足球教练的基本情况缺少了解，对学生在校园足球运动中的表现情况和未来前途等缺乏了解，那么就会影响家长对校园足球运动的判断，就会在一定程度上减少对学生参加校园足球运动的支持。其次，家长需要通畅的渠道将自己的感受反馈给管理者。如果家长不能通过家长会、管理者与家长见面会、教练与家长见面会以及其他灵活的沟通方式，及时将自己的想法反馈给教练、管理者，就会产生不良影响，从而影响家长对孩子参与校园足球运动的鼓励与支持。

在校园足球运动中，学生家长的数量和质量与管理者也相关。正是管理者的推动使家长看到了让孩子参加校园足球的益处，才会有更多的家长愿意支持孩子参与校园足球运动。但对比校园足球发达国家，管理者还可以做得更好，使更多的家长参与到校园足球发展中来。其中，让家长参与到校园足球活动中来，是当前管理者应当考虑的问题。在中小学阶段，家长的作为往往与孩子的兴趣直接背离，这导致一些家长与孩子的亲子关系并不良好。在参与校园足球活动中，大部分家长应该做到和孩子的兴趣一致、步调一致和目标一致。管理者可出台相应的政策引导家长参与到校园足球活动中来，比如，引导家长参与孩子所在班级的球队训练工作，引导家长观看学校组织的班级之间的校园足球比赛等。作为管理者，应当有渠道接受家长的反馈，和家长建立一定的交流与沟通渠道。管理者和校园足球的发展都需要家长的支持，管理者要重视激发学生家长参与校园足球的意识，不断提升家长参与校园足球建设的意愿能力。

　　师生关系是校园足球生态系统中最重要的关系。学生与教师在校园足球中是教育者与被教育者的关系，是直接的相互影响关系、存在互利共生的正相互作用。这种关系在我国古代教育思想中就有所体现，"教学相长"思想就是这一关系的直接表达。学生与教师通过在校园足球实践活动的双边互动中来实现这一关系。在校园足球活动中，教师是组织者、促进者、研究者，学生是学习者、参与者。教师的"教"促进了学生的"学"，同时学生的"学"会反哺教师的"教"，使教师自己的专业水平和教学水平都得到提高，从而形成师生之间一种互利的融洽关系。但这种融洽关系需要教师和学生双方共同努力才能达到，需要教师和学生发展各自的主动性。校园足球活动形式多样，主要包括校园足球课、校园足球训练和校园足球竞赛。在这三种形式中，教师与学生的关系因联系紧密程度不同而有所区别。校园足球课是所有学生都能参与的课程，只要对足球运动有兴趣的学生都可以参加。在课程中，教师与学生以足球为媒介，建立起和谐融洽的师生关系。校园足球训练课是选择校园足球队的学生可以参与的训练课程，对学生的身体素质和足球技能等有一定的要求。在足球训练课中，因为对学生足球技能的要求更高，所以，在训练过程中，教师与学生结合的关系更为紧密一些。校园足球比赛是在规定的短时间内完成的对抗性的足球运动。要求教师和学生能密切配合、相互理解、共同为球队荣誉而战，这种体力、智力和情感的全身心投入，将教师和学生紧密连接在一起。因此，相对于校园足球课，校园足球训练和校园足球竞赛中参与的虽然只是部分学生，但是这部分学生却与教师和相互依存、相互影响。

　　教师群体的数量和质量，与学生群体数量和质量的相关度最大。师生之间的影响因子包括与校园足球相关的认知、态度、行为方式、教学方式、教学内容等。师生之间的影响是交互的，但明显是教师对学生的影响占有支配性地位，这是由教师的地位和内在作用所决定的。教师对校园足球相关认知和价值观会通过教师的态度、行为方式、教学方式和所选用的教学内容深刻影响着学生。当前无论是社会、家庭，还是在学校中对学校体育的普遍认知存在着偏差，没有真正认识到学校体育所具有的功能与价值，从而造成了学校体育发展困境。形成这一困境的原因是多方面的，也是一时难以解决的。但作为体育教师的校园足球教师，是否形成了正确认识，这对学生影响巨大。足球运动对学生的身心成长和文化素养的提升皆有裨益。

教师与家长在校园足球中存在竞争与合作并存的复杂关系。在足球教学方面，教师与家长是合作关系，相互配合为完成足球教学和体育发展目标服务。但在校园足球训练和比赛方面，教师与家长则存在竞争与合作共存的相互关系。一些家长不想让自己的孩子参与足球训练和比赛，认为这样会影响孩子的文化课学习。这时教师与家长之间存在着竞争关系。这种竞争关系的产生当然还有另外的原因，但是确实存在并影响着校园足球的发展，需要认真对待处理。

教师群体的数量和质量，与家长的数量和质量存在相关性，主要表现为教师群体的数量充足和质量提升，能引导家长对校园足球运动的支持度提升，参与度提高。优质的足球教师，本身具有魅力，既能提高学生的足球水平，又能以自己的品德来影响学生意志品质的提升。同时，还能直接影响学生的学习成绩。这样的教师如果成为自己孩子的学校足球教练，家长当然愿意让自己的孩子参与校园足球的训练。如果体育教师本身业务水平不精，也不关注学生的学习成绩，那么家长可能就会不支持自己的孩子参加校园足球训练，也就难以扩大学生动员家长支持其参与校园足球运动，从而影响家长支持校园足球运动的群体规模。

亲子关系在校园足球的发展中也占有重要地位。家长与学生在校园足球中不仅存在管理与被管理、教育与被教育的关系，还存在相互关爱、相互支持、共同成长的关系。家长与学生在校园足球活动中关系是否和谐，关键在家长。这取决于家长是否从孩子的健康成长出发，而不是从自身的功利出发。家长要认识到孩子健康成长的重要性大于孩子的考试成绩。家长要尊重孩子的意愿，要给孩子更多的理解与支持，让孩子能够完全自主决定是否要参与校园足球课余训练与比赛，家长不能越俎代庖。在孩子参与的过程中，家长要给孩子提供心理与物质支持，尽可能在孩子的训练与比赛中做到一定程度的参与和陪伴，和孩子共同成长，甚至通过共同参与足球活动形成良好的亲子关系。有能力的家长应当参与孩子所在班级的训练工作，大部分家长应当参与到校园足球比赛中，成为一名好的观众。学生应当理解和尊重家长。对于参与校园足球活动的期望，孩子应和家长做好良好沟通。在家长与孩子的双向互动中，建构起互相理解、互相支持的良好的亲子关系。

以足球为媒介的校园运动，实现了家校共育，实现了家长与孩子关系的良性发展。

在校园足球运动中，家长与学生之间的影响因子主要包括与校园足球相关的认知、态度、行为方式与行为表现、生活方式等方面。在校园足球运动中，家长对学生实施的影响具有更多的隐蔽性。大多数家长并不会对自己的孩子进行直接的足球指导，但影响却十分深远。学生的健康和营养大部分情况下是由家长来决定的，学生的业余时间安排也大都为家长意愿所左右。也就是说，学生参与校园足球运动的基础，实际上是家长。此外，学生对待校园足球的态度也受家长影响。家长在业余时间是玩手机，还是进行体育锻炼，会对学生产生不同的影响。学生在足球场上的品质表现，也和家长在日常生活中所表现出来的道德品质息息相关。如果家长的功利性不强，学生在足球场上也会更平和、更快乐。同时，学生在校园足球中的行为表现也影响着家长。如果学生在参与校园足球训练与比赛时，仍能保持一个好的学习状态与学习成绩，那么家长也就会更加相信学习与训练之间并无必然矛盾。

第二节　校园足球生态的教阶结构

校园足球的教阶结构是指构成校园足球总系统的各个阶段性教育之间的结构，即各阶段性校园足球教育之间的比例关系、功能分配、衔接方式等。校园足球活动是一种教育活动，与各个阶段性教育之间相应，校园足球从时间层面可分为：学前校园足球、小学校园足球、初中校园足球、高中校园足球和大学校园足球五个部分。

校园足球各阶段数量比例关系与各阶段教育之间的比例关系既有关联又有区别。首先，在学前教育阶段，国家层面并没有大力推进校园足球，也没有相应的国家级训练营与比赛，虽有个别省市已经在开展学前教育阶段的校园足球活动，但数量占比还是比较少。其次，在中小学和大学阶段，并不是所有的学校都开展校园足球，有部分学校尚没有开展。中小学的校园足球是以校园足球特色学校为主进行推广的。截至2019年底，已经认定了27000多所校园足球特色学校，约占全国中小学数量的6.3%。国家特色学校布局要求一所高中对应两所初中和六所小学。在区域内小学特色校的学生可以对口升初中特色校，初中特色校学生成绩优异的可以对口升到高中。这是国家为中小学校园足球开辟的一个升学通道，保证了校园足球运动开展的连续性与系统性。另外，招收高水平足球队员的高校已经达到了181所，每年有大约2000人通过足球特长进入高校学习。从目前来看，在部分区域中小学之间校园足球特色校的比例关系存在不适当之处，有进一步进行优化的需要。在学前阶段，大部分孩子没有在幼儿园或学前班接触足球运动的机会，只会参与社会上组织的业余足球训练。这还不是当前问题的重点所在，所以本书暂不进行深入探讨。下面主要从小学、初中、高中、大学四部分展开探讨。

校园足球各阶段功能分配是校园足球教阶结构的核心。在我国，校园足球是新生事物。相对于教育各阶段功能认识的较为充分，校园足球各阶段功能目前并没有一个清晰的认识，在发展校园足球时就容易出现问题。首先，在校园足球运动中，训练方式不能照搬传统国内"青训"方式方法，也不能照搬国外"青训"和校园足球训练的方式方法。中国的校园足球有自己独特的发展环境、发展目标、发展追求。传统国内"青训"方式方法并没有多大成效，已经被事实反复证明有其自身难以克服的问题。国家大力推动校园足球的动力就是对传统国内"青训"的一个改进，也是为我国学校体育改革寻找破局之路的一个大胆而有效的尝试。传统"青训"与校园足球训练的显著区别，就是校园足球中的训练与教学紧密结合在一起，力争达到足球技能与学业水平双优，这是校园足球的出发点和校园足球的立身之本。但如果仅看到这一区别，而不去研究与探讨校园足球新环境、新要求、新目标下独特的校园足球分阶段训练模式，是会影响校园足球的长远发展的。校园足球将承担部分传统"青训"的功能。逻辑出发点应当是，智力水平和学业水平会影响足球技能水平，有一定的文化知识对小球员未来的成长十分重要。所以，校园足球的训练应是高效率的训练，不应以牺牲学生文化课学习为代价来提高训练水平，也不应过早地关注学生运动员的足球运动成绩，而应在学生运动员全面发展的前提下，逐步提高其运动水平。

校园足球课各阶段应结合体育课程标准开展活动。课程标准是基础教育阶段开展教育教学活动的根本遵循和依据，是国家对学生学习目标、学习内容和学习方式、学习所应达到的程度的基本规定。在小学阶段，学生对足球的学习，应当以足球游戏为主要教学内容，以提升学生体能、培养体育精神和促进学生大脑发育为主要目标，通过足球这个载体促进学生健康发展是其重点功能。当前小学生整体体能状况令人担忧，体重超重的儿童和出现其他体态问题的儿童比例较高，严重影响了儿童的身心健康，作为学校体育改革排头兵的校园足球课，应当担负起部分责任。在初中阶段，在进一步开发足球游戏的基础上开始向足球运动技能倾斜的活动，开始组织一些相对正规的教学比赛；结合学生青春期发展，以进一步进行体育精神的塑造。在高中阶段，应向教学比赛倾斜，重视让学生在比赛中获得体验乐趣、提高运动技能，为学生日益繁重的学习生活提供减压通道，承担培养会看球、懂球、有球品的球迷的责任。在大学阶段，相对而言，足球课的自主权更大，形式多样，但基本的功能是让学生能通过足球来锻炼身体，进行社交和提升生活品质，对足球运动产生良好心理认可。

关于校园足球训练和比赛，各阶段应根据学生身体发展的特点和阶段教育要求来安排内容与设计功能。学校是育人的场所，是以培养学生的全面发展为目标的，所以，关于校园足球训练和比赛，一个基本的要求是要能支撑学生的全面发展。小学阶段是校园足球打基础的阶段，校园足球训练和比赛的内容与形式十分重要。小学阶段的足球训练和比赛一定要注重时间的分配，不能出现过度训练的问题，不要盲目追求成绩，而要追求学生运动员身体能力和文化学习的全面提高，不能要求此阶段的学生运动员只专注于足球运动，应当为他们提供机会，参与更多的运动项目，全面提升他们的身体素质，促进大脑发展。初中阶段是运动技能形成的关键期，此阶段的训练应当强调足球技术和战术的细节化发展，强调比赛中意志力的体现，同时关注学生青春期发展，进行相应身体素质提升。高中阶段是学生运动技能进一步熟练，达到较高运动技能水平的阶段。这一阶段学生的学习压力较大，应当做好训练比赛与学习的平衡，并开始对学生运动员的未来进行职业生涯规划，以促进学生成为为未来认真规划并努力践行的优秀人才打基础。大学阶段的校园足球训练和比赛应当更加多元化，各学校应根据学生的实际水平进行不同的规划。从此阶段来看，从大学校园的足球队员走向职业球员的毕竟是少数，所以，将大学阶段校园足球训练和比赛的功能定位为：进一步提升学生足球运动水平，丰富学校的体育文化生活，增加学生社交密度，规划毕业后发展方向。

校园足球的衔接问题，也是影响校园足球发展的重大因素。校园足球的衔接分为两部分，一是各阶段校园足球课的衔接；二是各阶段校园足球训练与比赛的衔接，学生运动员的衔接。校园足球课的衔接问题等同于学校体育中各阶段衔接问题，要明确各阶段的重点与目标。关于学生运动员的衔接问题是当前校园足球的重点工作。这方面工作的好坏，决定校园足球学生运动员的数量发展和质量提升。做好学生运动员的衔接有两个要点，一是各阶段训练重点的规划，即训练内容上的衔接；二是学段人员的衔接，即小升初、初升高、和高升大的衔接。内容上的衔接前文已经有所论述，在此对升学衔接进行探讨。阶段性升学衔接有两个重要问题，一是有没有足够的学校；二是如何进入。目前各地区都在尽量出台相关政策，促进参与校园足球运动的中小学学生运动员能顺利在区域内向上流动。在中小学考虑衔接问题时，要认识到流失是必然的，亦是有益的。流失有两种情况，一是主动流失；二是被动流失。主动流失是学生或家长根据自身情况，在阶段升学时不想再参与足球训练了；被动流失是学生因为足球运动技能或学习成绩不达标而在阶段升学时没有进入到高一级学校的足球训练中。学生在参与训练时成长了，发展了身体，锻炼了意志品质，促进了学生的全面发展。这部分学生之中，大部分以后会成为校园足球的支持者。被动流失是校园足球发展中优胜劣汰的结果，对整个系统来讲是有益的。在升学阶段，对学生运动员的学习成绩在中小学阶段一定要有比较高的要求，不能只以足球运动成绩为标准。向上流动的学生运动员应当是既学习好，足球技能又高超的运动员，这是校园足球区别于传统"青训"的特色。只有坚持这一特色，才能让学生真正热爱足球，并且为了足球愿意奉献更多，更好地利用时间来做到训练与学习双优的学生运动员顺利向上流动。才能让学生运动员成为学校学生中的楷模。如果在向上流动过程中对学习文化课成绩不够重视，将不利于校园足球的长远发展。此外，校园足球中学生运动员的流失并不是像传统"青训"那样。因为在校园足球运动中，并不存在真正的流失，在校园足球运动中，学生不当学生运动员了，但他们也并没有离开校园足球，只是进入了校园足球的普及层面，在校园足球课中成了中坚力量，成了教师好助手，促进了校园足球课的发展。所以，在校园足球衔接问题上，还应进一步研究，以促进校园足球生态系统的可持续发展。

从各阶段校园足球衔接的视角出发，校园足球发展的五个阶段之间，可以看作一个隐形的闭环结构，如图 3-2-1 所示。

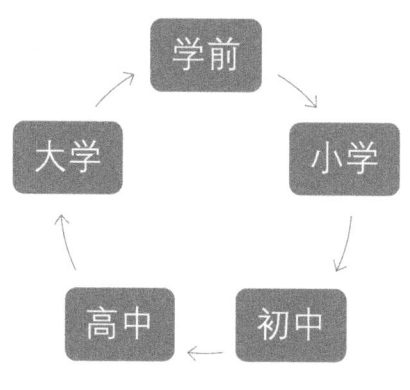

图 3-2-1 校园足球各阶段衔接

从学前到大学阶段的链接是容易理解和接受的，但从大学校园足球向学前的链接则是不容易被认识和接受的。学前到大学阶段的流动与衔接是各种教育活动的常态，从大学再到学前则是校园足球活动的特点。这个隐形的链接是指校园足球中的训练和比赛。因为在校园足球中的训练和比赛不是面向全体学生的，是需要得到家长支持的。从学前到大学阶段，校园足球工作如果做得足够好，能让处于其中的学生得到直接的益处，那么这些学生在为人父母后，他们就会成为自己孩子参与校园足球的坚定支持者，成为校园足球发展的一大助力，是校园足球可持续发展的重要因素。这是需要校园足球运动发展过程中需要认真对待和研究的一个问题，也是保证我国校园足球运动健康、可持续发展的一个有效路径，值得认真探讨。

第三节 校园足球生态的系统结构

生态系统和周围环境组成一个更大的系统，从而成为较高一级系统的子系统，并且，它本身也可由多个子系统构成。在一个系统中，各子系统之间以及子系统与母系统之间如生物与环境之间一样存在能量、物质和信息的交流，是相互依存、相互影响、相互联系的。这种有机联系的方式就是一个系统的层级结构，如图3-3-1 所示。

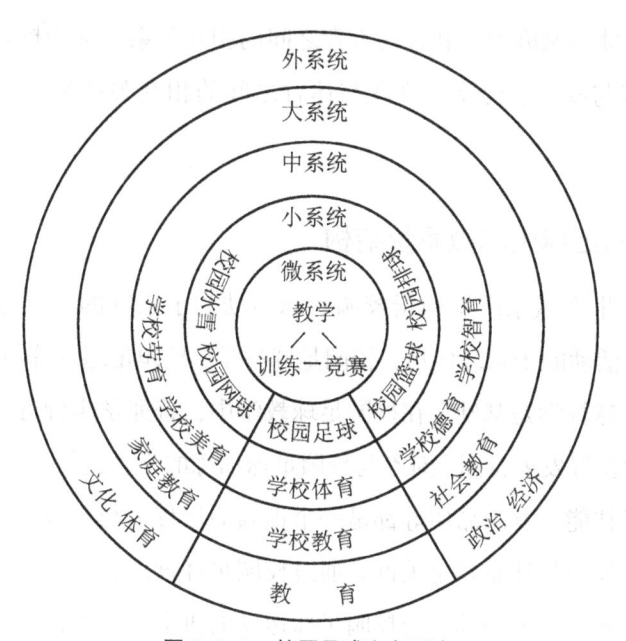

图 3-3-1 校园足球生态系统

注：小圆弧代表的是子系统与母系统的层级关系，即校园足球是学校体育的子系统，学校体育是学校教育的子系统，学校教育是教育的子系统。与小圆弧在同一个圆上的大圆弧代表的是同级的子系统，同级子系统之间互为环境，共同构成高一级系统

校园足球生态微系统是校园足球生态整体系统中的底层系统，它和校园篮球微系统、校园排球微系统、校园网球微系统和校园冰雪微系统之间存在相互依存、相互影响、相互联系的关系。在研究校园足球时，校园篮球、校园排球、校园网

球与校园冰雪都是校园足球的环境因素，在这个意义上，它们共同构成校园足球生态小系统。校园足球、校园篮球、校园排球、校园网球和校园冰雪是目前国家正在积极扶持和努力推进的，随着这些项目的成功开展，未来会有更多的项目在校园中受到重视，即与校园足球等同级的子系统会越来越多，即这一层级的子系统是开放的、存在的潜隐子系统。

校园足球是学校体育的子系统，与学校体育同级的子系统有学校德育、学校智育、学校美育和学校劳育，学校德育、学校智育、学校美育和学校劳育是学校体育的环境因素，也是校园足球更大范围的环境因素。校园足球与学校德育、学校智育、学校美育和学校劳育之间的相互关系，称为校园足球生态中系统。以此类推，校园足球与家庭教育和社会教育之间的相互关系，称为校园足球生态大系统，校园足球与政治、经济、文化与体育之间的相互关系称为校园足球生态外系统。

一、校园足球生态微系统结构

校园足球生态微系统结构指校园足球活动的子系统的构成与相互之间的关系。校园足球活动的子系统包括：校园足球教学、校园足球训练与校园足球竞赛。其中，校园足球教学是基础。在校园足球教学中，普通学生皆可参与，形成了校园足球运动的良好发展氛围。对参与校园足球训练的学生进行系统而持续的训练，对他们的足球技能、意志品质等都是一个提高的过程。与校园足球教学和校园足球训练相比，校园足球竞赛是关键。通过校园足球训练，可以提高普通学生对校园足球运动的兴趣，增加其参与校园足球运动的机会；可以让校园足球运动员在比赛中得到锻炼、形成反思，在训练中更加专注、更加积极、更加投入。校园足球教学、校园足球训练与校园足球竞赛之间存在紧密的相互依存、相互影响的互利共生关系。任何一个环节出了问题，都将影响整个校园足球生态系统的发展。

校园足球课面向全体学生，是学校体育的重要组成部分，是学校实施素质教育的重要抓手。校园足球课就是为了让学生了解足球、学会足球和享受足球。通过校园足球课能让更多的学生参与到足球运动中，能培养学生对足球运动的喜爱，夯实足球运动的人口基数，发现足球运动的新苗子。通过校园足球运动课，能增强学生体魄,培养学生团队协作精神、遵守规则的意识和吃苦耐劳的品质,同时能让学生体验到运动的乐趣,让参与者在繁重的文化课学习之余得到身心的放松,提升学生在学校的幸福指数,促进学生的全面发展。

校园足球训练是满足部分学生运动意愿,提高学生足球运动水平的重要途径。校园足球训练可分为自组织的训练和有组织的训练。自组织训练指的是学生为了参加校内比赛自行组织的训练,有时教师或家长也作为教练参与到训练中。有组织的训练指的是参加校队或其他训练营的训练,是相对高水平的训练,主要是教练参与的训练。自组织的训练虽然在提高学生足球运动水平上存在不足,但在锻炼学生的自主能力和进一步提高学生运动兴趣上大有裨益。有组织的训练是校园足球中的高水平训练,面向的是校园足球中优秀运动员,有校队训练、区域训练营训练和全国训练营训练之分,是校园足球中提升运动苗子的重要方式。在训练中不仅能提升学生的运动技能,还能更好地培养学生的团队协作精神、遵守规则的意识和吃苦耐劳的品质,更好地发展学生的体能。

校园足球比赛是校园足球运动中的灵魂,是校园足球运动成败的关键。校园足球比赛可分为校内比赛和校外比赛。校内比赛一般是班级之间的比赛,是发现和锻炼足球运动苗子的比赛,是面向更多学生、让更多学生参与其中以获得乐趣的比赛,是形成学校校园足球文化的一种重要形式,也是学生放松身心、进行减压的有效方式。校外比赛是为校园足球优秀运动员所设计的比赛,是高水平的比赛,是提升足球运动水平,进一步优中选优的比赛,是满足学生更高要求的比赛,是充满激情的比赛,是学生展示个性的比赛。无论是校内比赛还是校外比赛,都能扩大学生的交流面,锻炼学生的意志品质,开阔学生的眼界,激发学生更为激情和努力地投入到校园足球活动中。

校园足球课、校园足球训练与校园足球竞赛是校园足球的一体三面,是紧密联系在一起的,共同完成立德树人的任务。校园足球完成立德树人的任务,就是要培养学生爱国主义、集体主义和顽强拼搏的意志品质。在校园足球课上,要对此有所体现,但更重要的阵地是校园足球训练与校园足球竞赛。在校园足球训练与校园足球竞赛中,由学生组成的训练与竞赛团队,有着共同的奋斗目标,长时间在一起共同参与训练活动与比赛活动,在彼此熟悉和磨炼中能够形成较强的团队意识与合作能力。在校园足球训练与竞赛中，需要学生更为努力地投入，付出更多的艰辛，更好地磨砺自己的意志品质。校园足球竞赛不仅能提高参与竞赛学生的意志品质，还能通过学生在赛场上的顽强拼搏和团结协作精神，感染场下的学生，从而提升更多学生的意志品质，促进更多学生更加积极地投入校园足球活动中。校园足球训练和校园足球竞赛在促进学生体育品德与体育意志形成方面起主要作用、占重要地位。

从提高学生身体健康来看，校园足球课、校园足球训练与校园足球竞赛三者是缺一不可的。学生身体素质的提升并不能通过一周一次的足球课就可以完成，需要学生长期、持续地进行身体活动。足球课是基础，是面向全体学生，然后配合校园足球训练与校园足球竞赛，以及其他学校体育项目活动来共同实现对学生身体素质的提升。校园足球训练和校园足球竞赛在提升学生身体素质上的作用不容小觑，这是因为，学生要为竞赛投入较多的时间进行训练和比赛，而且想要取得好成绩，需要好的身体素质作保障。所以，学生一般通过校园足球训练和竞赛能有一个比较好的身体素质。因此，三者在学生身体素质促进方面面向的对象不同，地位作用不同。校园足球课一般面向的是全体学生，而校园足球训练和校园足球竞赛面向的是部分学生。

在提高学生足球运动技能水平方面，三者也是各有侧重。校园足球课是面向全体学生开设的基础课。校园足球课面向全体学生，培养基本的足球运动技能，提升学生的足球学习兴趣，发现更好的足球苗子。校园足球训练活动注重足球运动技能的提高，是学生运动技能水平提高的关键。校园足球竞赛是学生运动技能水平的检验器和驱动器，学生水平的高低通过竞赛得以体现，而在竞赛中获胜则是大部分学生努力提高足球运动技能水平的动力来源。只做好训练没有足够多的竞赛经验和磨炼，也不利于足球队员运动水平的提升，尤其是实力相近的对战，更能通过比赛使队员了解自己的不足，进行更多的感悟和提升。因此，校园足球训练与竞赛是决定学生运动技能提高的关键，起最重要的作用，而校园足球课则是基础。

校园足球课、校园足球训练和校园足球竞赛三者之间是紧密联系在一起的。没有各种各样的校园足球竞赛，学生就没有释放激情展示自我的舞台，在一定程度上就失去了训练的动力。没有长期、高效的训练，学生足球运动技能就不能得到更好的提高，校园足球竞赛的水平就会降低，就达不到开展竞赛的目的。没有校园足球课，就不会有更多的学生参与足球训练和比赛，在比赛时也不会有更多地热爱足球运动、支持足球运动的学生观众。没有足球训练和竞赛，在足球课上就不会有排头兵，就少了教师的助手，就不会促进足球课的教学质量提升。所以，校园足球活动中绝不能重视一部分而忽视了另一部分，尤其是要避免出现单纯重视校园足球训练与竞赛的做法。这样的发展不是生态的发展，也脱离了校园足球发展的初衷。

二、校园足球小生态系统结构

校园足球小生态系统是指由校园足球微系统和与同级的一系列子系统所构成的系统。系统的构成要素是校园足球、校园篮球、校园排球、校园网球、校园冰雪等微系统。看上去和学校体育系统差不多，但并不相同。研究学校体育系统时，校园足球、校园篮球、校园排球、校园网球、校园冰雪是同一级的子系统，是平等的关系；研究校园足球小生态系统时，校园足球是主体要素，其他是可视为社会环境要素中的环境要素。也就是说，校园足球小生态系统结构中的组分结构和社会环境要素是紧密结合在一起的，是不可分的。校园篮球、校园排球、校园网球、校园冰雪等微系统既是校园足球小生态系统的组分结构，又是校园足球小生态系统的社会环境结构。因此，校园足球小生态系统的结构可分为两部分来认识，一是校园足球小生态系统的活动组分与社会环境结构；二是校园足球小生态系统的自然环境与规范环境结构。此外，没有另外分主体结构，因为在此校园足球被视为一个整体，视为校园足球小生态系统的一个要素，这一要素既是校园足球小生态系统的主体要素，又是校园足球小生态系统的组分结构，而在这一层面主体要素只有一个，所以就不存在主体结构了。

（一）校园足球小生态系统的活动组分与社会环境结构

在校园足球小生态系统中，校园足球占主导地位，起排头兵作用。与校园篮球、校园排球、校园网球、校园冰雪相比，校园足球是国家在政策层面率先提出和大力推动的。国家在提出大力推进校园足球运动时，就确定了校园足球作为学校体育改革的先行者地位，指出了校园足球是促进学校体育改革的"试水"之作。推进校园足球并不是弱化其他项目在学校体育活动中的发展，而是以校园足球为先导进而带动其他项目的发展。也就是说，在当前阶段发展校园足球是学校体育工作的重点，校园足球发展好了，起到了样板作用，再推动其他项目的发展会更加顺利。反之，如果校园足球没有打开局面，那么对其他项目也会有负面影响。总之，校园足球与校园篮球、校园排球、校园网球、校园冰雪相比，地位更重要。

在校园足球小生态系统中，校园篮球、校园排球、校园网球、校园冰雪等与校园足球在时间与人员上有竞争关系，但在功能上有互利共生关系。学生参与学校体育活动的总时间是有数的，如果参与了其他体育项目，那么参与校园足球的时间就会相对减少，在时间上看似乎是竞争关系，但这并不影响校园足球目的的达成，甚至有利于校园足球目的的达成。过早进行专业化训练已经被证明是不利于青少年体育技能持续提高的做法。在青少年阶段要鼓励学生参与多种运动项目，只有这样才能为全面地发展学生的身体素质，为日后的专业化训练打下良好的身体基础。在学生总数确定的情况下，参与其他体育项目，自然会分流一部分学生，使参与校园足球的人数相对减少。但这是有益的减少，这种减少是在为学生提供更多选择的前提下产生的，保证了参与校园足球训练与竞赛的学生是真正喜欢足球运动和在足球方面有天赋的，提高了校园足球运动的质量。所以说，校园篮球、校园排球、校园网球、校园冰雪等与校园足球的竞争关系是从属的，互利共生关系是主导的。

（二）校园足球小生态系统的自然环境与规范环境结构

校园足球小生态系统的环境结构也分为自然环境、社会环境和规范环境。其中社会环境往下就是校园足球与同级的子系统。自然环境在此与校园足球微系统相同，没有产生变化。规范环境就是与学校体育相关的价值观、传统、观点、文化等，是大的规范环境在学校体育层面的具体表现，对校园足球的影响较大。一般而言，人们对校园足球的价值认知会直接影响对学校体育的价值认知。

三、校园足球中生态系统结构

在校园足球中，生态系统是指校园足球微系统与母系统及与母系统同级的子系统所构成的系统。系统的构成要素包括：校园足球微系统，学校体育系统及学校的德育、智育、美育与劳育系统。其中，校园足球微系统是主体要素，其他是环境要素。学校"五育"之间互为环境，其他"四育"不仅直接影响校园足球微系统，还通过影响其母系统即学校体育来间接影响校园足球微系统。也就是说，校园足球与其他"四育"之间的关系，既体现其母系统学校体育与"四育"之间的关系，又有自己独特的地方。

校园足球与学校体育的关系是子系统与母系统之间的关系，是共生、共存、共损与共荣的关系。校园足球的良好发展，离不开学校体育运动发展的良好的基础，学校体育整体没有一个良好的环境，也不利于校园足球的发展。当然，校园足球的发展，也可以改变学校体育的面貌，还可带动学校体育的发展。国家对校园足球的定位也是这样的，将校园足球定位为学校体育课程改革的排头兵。但是在实践上，发展校园足球的同时一定要考虑学校体育的整体发展，不能脱离学校体育发展的大环境，孤立地发展校园足球。

校园足球与其他"四育"的关系既有竞争关系，又有互利关系。竞争关系是时间与精力的竞争。这是因为，学生的时间与精力都是有限的，在某一方面投入得多必然影响其他方面的投入。因此，在实践中存在着彼此之间在学生时间与精力方面的争夺。互利关系是功能与目的上的互利：体育是对德育的磨砺，体育可以锻炼个体的意志品质，砥砺精神；体育是对美育的启蒙；体育可以令人欣赏身体在运动中的协调美、对称美；体育是对智育的催化，体育可以促进人体的生长发育，实现人体的健康发展；体育也是对劳育的协同，体育是一种运动，也是一种劳动方式，在运动中创造价值。因此在理论上，"五育"之间存在既竞争又互利的关系。

在体育活动中能较全面地对青少年学生进行思想品德和个性培养。以校园足球为例，足球项目对培养学生的组织纪律性、集体主义精神、遵守规则、顽强拼搏和力争上游的精神有着显著的作用。此外，体育对于矫正学生不良行为有积极作用。学生不良行为产生的因素众多，尤其是当前网络游戏的不良影响占有较大原因。有一些学生因长期沉迷网络而不能自拔，形成"网瘾"，引发心理上的疾病，对学生的身心发展和健康成长产生了较大的影响。而学校体育活动可以充实学生的业余生活，自觉抵制精神污染。学生参与校园足球，并在校园足球活动中体验到乐趣，个性得到极大程度的释放，甚至建立起成为优秀足球运动员的目标，那么学生就会更加自律，就会对网络游戏有一定的免疫力，从而远离不良的网络活动。如果学生在足球场上找到了乐趣、尊严、荣誉感，他们可能就此远离网络中的虚幻世界。德育开展的有效性得到提高，也能对学生参与体育运动产生推动力。德育可以引导学生树立正确的价值观，激发学生内在的学习动机，引导学生形成积极、健康的生活方式。积极健康的生活方式就是一种体育生活方式，一种对自己身心发展负责的生活方式。在这种生活方式中，体育活动是不能"缺席"的。学生有了积极的生活态度，就会主动投入到文化课学习和体育学习中去。这样越来越多的学生就会投入到校园足球运动中，而且在校园足球运动中，他们也会有更为高尚的体育道德表现。这样就更有利于校园足球的可持续发展。

体育能够为智育的发展创造良好的生理条件。现代脑科学和运动生理学已经证明，有规律地从事体育活动不仅能健身，还能健脑。美国的约翰·瑞迪（John Ratey）与埃里克·哈格曼（Eric Hagerman）在《运动改造大脑》[1]一书中指出，运动可以全面提升大脑的运行水平，改善记忆力和注意力，消除焦虑、沮丧、抑郁，从而提升学习效率。而且这种观点也得到了广泛的实践支撑，由其引发的"活力儿童计划"，在实践层面证明了，玩耍和运动有助于儿童的情绪发展，有助于提高孩子的成绩和考试分数，能让他们的认知获得最优发展。运动能促进学生的

---

[1] （美）约翰·瑞迪，埃里克·哈格曼.浦溶译.运动改造大脑[M].杭州：浙江人民出版社，2013.

学习，也是我国一些体育学者所认可的，但在实践层面却一直没有得到广泛的传播和认可。

智育则能为体育发展创造良好的智力条件和心理条件。智育过程既是培养学生主动获取知识、掌握技能和发展智力的过程，又是发展学生兴趣、动机、情感、意志、性格等非智力因素的过程。智育还能培养学生的批判性思维、创造性思维、好奇心、想象力、自信心、求知欲、意志力等创造性人格。智育的过程就是提升学生学习能力的过程，会为学生更好地掌握运动知识和技能提供强大支撑。

体育中蕴涵着丰富的美育因素。学生参加体育活动和观赏体育比赛，可以获得身体健康，形成健美的形体，可以获得感受美、理解美和鉴赏美能力的提升；学生运动员的流畅过人动作是美的，团结协作、努力拼搏、公平竞争和敢于胜利的体育精神更是美的。这种对美的感知与传播不仅有利于校园足球的发展，也有利于美育的发展。在这种审美观的培育下，学生将具有更健康的审美思维，具有良好的审美体验，形成健康的审美情趣。

体育和劳动教育都指向学生体质强健的目的，即在目的上两者具有一定相关性。学生参与体育运动能强健身体素质，可以使学生更有能力参与劳动教育。与此同时，学生参与劳动教育也能进一步强健身体素质。学生在参与校园足球的过程中，力量变得更强大了，身体更敏捷、更灵活了，学生对身体的掌控能力更强了。因此，在参与劳动教育时，会有比较优势，学生参与劳动教育也是另外一种身体锻炼的方式，而且这种方式还能为学生参与校园足球提供精神动力。

在德育、智育、体育、美育和劳育这"五育"之间，存在相互依存、相互影响的关系，但这种关系不会自动发生作用，甚至有时会发生副作用。以体育和智育为例，这两者在实践中经常表现出冲突的现象。体育和智育之间本为相互支撑，但实践中却没有达到，一是两者之间从业者处于相对孤立状态；二是两者都没有找到合宜、恰当地发展学生能力的方法，从而让时间与精力的竞争成为主导。体育和智育的相互支撑是一种功能性存在，但并非自然发挥作用，需要人们的认识与引导，不然则不能发挥作用，甚至有时会发生副作用。以校园足球为例，在校园足球训练活动中如果不注重锻炼学生的意志品质，不关注学生的学习，则有可能让学生形成一些不正确的观点,比如"我只要踢好球就行了,学习是不重要的"。这就使得学生易于放松自己在智育等方面的要求,不认真对待文化课学习,进而导致学习成绩下降。这一点在高年级学生中表现得较为明显。

基于以上分析可以看出,如何消除"五育"之间彼此分离、各自独立的状态,以"五育并举"、协同发展的观点来看待"五育",是校园足球生态研究的立足点和出发点。

第四章　校园足球生态链

生态学中生态链的概念源于食物链，食物链概念在发展中演化为生态链。"食物链"一词是英国动物生态学家埃尔顿（C.S.Eiton）于1927年首次提出的。食物链是指在生态系统中，生物之间通过吃与被吃关系，以食物营养关系彼此连接起来，形成的环环相扣的链条式依存关系。生态链是指在生态系统中，众多的生物和非生物成分通过能量与物质循环，与不同层次的生产者、消费者和分解者的协同，形成环环相扣的链条式依存关系。食物链研究生物之间的关系，而生态链则拓展到了生物与非生物的关系；食物链是生态链的一种，生态链可细分为多种。相关研究表明，生态链已不仅仅是一个概念，围绕生态概念已形成众多研究成果，包括生态链原则和规则、生态链结构和功能等，并形成了生态链理论。20世纪80年代以来，生态链理论已广泛地应用到农业、林业、工业、环保、文化、教育、体育、经济等社会领域，但在教育领域和体育领域的应用程度不够高，也不够深入，还没有产出有影响力的成果。

从生态链的视角审视，校园足球发展中的一些问题，具体是在哪一个环节出了问题，每一个出问题的环节又如何影响其他环节，亟待进一步研究。借鉴生态链的理论，对校园足球中各种生态主体的关系进行分析、考量，能为校园足球的发展提供一些有益的借鉴。

从普通生态链理论向校园足球生态链理论的扩展，要找到校园足球中不同的生态主体，以什么的关系环环相扣形成链条关系。经考查发现，校园足球生态有管理与被管理、输送人才与录取人才的成对关系。因此，在校园足球生态中存在校园足球管理链、校园足球升学链两种链条关系。

从这两种链条的关系上来看，校园足球管理链是校园足球升学链的前提和条件。校园足球管理链在一定程度上决定着校园足球的发展方向和发展质量，因此对校园足球升学链具有制约作用。校园足球升学链对管理链起到激励、调节、引导等作用。校园足球升学链的积极或消极、正向或负向的反馈，对校园足球管理链都产生了不同程度的影响。对这两种链条关系进行分析，认清链条中流动的物质、能量和信息，以及各节点的功能、作用与相互之间的影响，对更好地认识校园足球生态来讲意义重大。

第一节　校园足球管理链

校园足球管理链是指校园足球生态系统中以管理与被管理关系环环相扣链接在一起的链条式依存关系。在校园足球生态中存在着大量相互交叉的管理链，相互交叉的管理链形成一个庞大的管理网，在校园足球中起管理作用。而管理在本质上体现为权力与意志的直接表达，关系到资源配置、人才配置等。因此，从某种程度上来看，校园足球管理链在校园足球运动中起着决定性的作用。

一、校园足球管理链的管理者层级链

在前面讨论校园足球的生态主体时已经指出，校园足球中的管理者是有层级的，即国家级管理者、省市级管理者、县区级管理者和校级管理者四个层级。这四个层级的管理者构成了校园足球管理链，每个层级的管理者因所在链条中所处的节点和等级不同，而具有各自的功能和职责。

国家级管理者对全国校园足球工作负责，主要体现为负责校园足球的国家发展规划与方向，是全国校园足球工作的策划者、推动者和执行者。国家级管理者是校园足球管理生态链上最重要的一环，处于管理链的顶层，是校园足球管理链中物质、能量、信息流动的根本源头。

省市级管理者和县区级管理者共同构成校园足球管理链中的中间层次，上面连接着国家级管理者，下面连接着校级管理者。因此，省市级管理者和县区级管理者是校园足球管理中不可或缺的中间环节，也是对校园足球生态发展起决定作用的一环。省市管理者和县区级管理者的管理缺失会对相应地区的校园足球发展产生不利影响；如果省市级管理者和县区级管理者能深刻领会国家级管理者发展校园足球的意图和目标，认真做好本地区的校园足球发展规则和方案，坚定落实校园足球发展的相关政策和法规，做好校园足球发展的人力和物力保障，那么相关地区的校园足球发展就有了一个良好的生态环境，整个地区的校园足球就会有良好发展。省市级和县区级的直接管理者是教育部门，但仍离不开政府部门管理者的参与，以当前发展良好的校园足球试点县来看，校园足球的发展都是在政府部门的强力支持下进行有效开展的。以辽宁省法库县为例，如果没有法库县委、县政府建设足球之乡的想法和规划，以及坚决有力的推行，单凭法库县教育局一己之力，是无法让法库县的校园足球有如此好的发展环境的，也难以获批国家级校园足球试点县。

校级管理者是各个学校的校园足球工作的规划者和执行者，是校园足球管理者层级链上最后一环，是直接影响校园足球发展质量的一环。即使从上一次管理者层级链所流动来的物质、能量和信息是良好的，但在这一层级如果不能有序流动下去，或者即使流动下去，但没有得到彻底贯彻实施，而是打了折扣，那么校园足球的发展也会受到不良影响，就会产生这样那样的问题。校级管理者是校园足球管理链中最容易出现偏差的环节和节点，校级管理者通常是校长起决定作用，而校长因理念和利益的关系通常不能正确行使校园足球管理权利，容易出现只注重面子而不重视实质，即只重视校级足球运动队的运动成绩，而不注重校园足球教学的问题。校园足球真正开展好的学校，必有一个对国家校园足球的发展理念真正认同的校长，对校园足球发展问题中的学训关系有正确认识的校长，对校园足球对学生全面发展的作用和深刻感受的校长。

校园足球管理链中的物质与能量是单向流动的，即从层级高的节点流向层级低的节点。校园足球管理链中的物质和能量流动，与自然生态链中的物质与能量流动有所不同，不存在明显的富集或降衰法则，但也有向环境中流动的现象。从已有调查来看，有一些地区和学校，从上一层级所获得的用于校园足球发展的物质和能量进行了不同程度的截流，将这些教育资源流向了其他方面，是一种对校园足球生态进行破坏的行为。这种行为与对管理者校园足球在学校发展中的地位与价值认识有着密切的关系。

校园足球管理链中的信息流动是双向的，一方面主要地从层级最高的节点流向层级低的节点；另一方面又次要地从层级低的节点流向层级最高的节点，从层级低的节点向层级高的节点的信息流动起反馈作用，能为校园足球的发展做出更好调整与规划。校园足球管理链中从层级高的节点向层级低的节点信息流动是相对顺畅的，而反方向的流动则并不十分顺畅。这有两种情况，一种情况是有时上一层级不重视下一层级的信息反馈；另一种情况是有时下一层级不重视向上一层级进行信息反馈。但是，无论哪一种做法都不利于校园足球管理链的紧密结合和更好发展。

校园足球管理链的管理者层级链良好运转，需要各层级链协同配合，避免出现断点。当前校园足球的相关政策和策略是良性的，问题是出在部分地区校园足球管理者身上，部分地区管理者没有真正理解发展校园足球的重大意义，在执行上出现了偏差，不积极去推动校园足球发展，或者在推动校园足球上出现了偏差，只抓校园足球中的校园足球训练和竞赛，只注重校园足球的显性政绩。这样的以政绩为主要目的的校园足球不利于校园足球良好生态的形成。校园足球良好生态的建成，需要各级管理者目标一致、注重沟通、同心协力。

二、校园足球管理链中的校级管理链

校园足球管理链中的管理者层级链主要指的是不同层级管理者之间的关系，并没有关注到教师和学生，教师和学生在校园足球是重要的生态主体，这一管理主体主要在校级管理链中体现。在校级管理链中存在的管理与被管理主体有三个，即以校长为代表的校级管理层、教师和学生。

校长是校园足球管理者层级链上最后一环，但在校级管理链中处于最高层级，是具体学校校园工作的规划者和管理者。作为具体学校校园足球工作的管理者，校长是否将校园足球的发展放在学校发展的总体规划之中并给予充分的认识与相应的地位，是否对国家发展校园足球的政策有深刻的理解，是否真正认识到推进校园足球工作的意义和价值，是否能根据本校具体情况对本校校园足球工作作出合理规划，直接关系到本校校园足球发展质量。在校园足球发展的有关工作上，如果校长没有科学的、可持续的管理态度和管理方法，就不会激发体育教师的积极性，也不会避免文化课教师抢占体育教师课时的现象。文化课教师之所以会占用体育教师的课时，其背后必然是不重视学校体育、没有认识到学校体育重要价值的问题。

教师是校级管理链的中间节点，既是校长的管理对象，又是学生的管理者。作为被管理的对象，体育教师负责具体学校的校园足球工作的执行，完成学校管理者安排的校园足球任务，向校长提供关于校园足球发展规则和目的建议等。校长和体育教师对校园足球的价值与实施理解，以及准备投入往往难以实现有效衔接。有时，校长对校园足球的价值和意义理解深，准备投入大，这时就需要体育教师的积极配合，按照学校有关校园足球的发展规划认真执行。在这种情况下，相对来讲较为容易实施管理。有时，在体育教师对校园足球产生积极干劲时，校长对校园足球却并不认同。而此时，体育教师开展校园足球面对的压力和困难则要大得多，需要更好地沟通技巧，才有可能得到以校长为代表的学校管理层的支持。如果体育教师在开展校园足球运动的时候面临着同级文化课教师的不支持，则开展难度会更大。体育教师面对学生时管理难度相对较小，在一般情况下，学生在管理上不会给体育教师造成困扰。但体育教师的管理理念和管理方法，会对学生的发展造成较为深刻的影响。在校园足球运动中，如果体育教师通常的管理理念有些专制和片面，会对学生的训练和竞赛投入过多精力，不注重学生自主能动性的发挥，学生通常没有机会自定训练时间和训练时长，也难以平衡好文化课学习与足球训练。因此，教师作为指导者，如何帮助学生平衡好文化课学习与足球训练的关系；如何发挥学生的主体性，使他们在参与训练的过程中，能够根据自身条件积极、自主地设定训练时间和训练时长，实现文化课成绩和足球竞赛成绩的"双优"，是体育教师需要关注的一个教学问题。

学生在校级管理链中是被管理者，是校级校园足球管理目标、理念和方法的具体实现者。参与体育运动是学生的天性，大多学生在学校都希望体育课更多一些，有更多的足球比赛。但在一般情况下，多数学生并不喜欢一些程式化的足球训练，比如大课间的足球操。

在校级校园足球管理链中，最大的问题在于不同学科的任课教师有不同的诉求，会对学生的管理造成冲突。校园足球管理链中的学生既接受体育教师的管理，又接受文化课教师的管理。在当前的学校管理体系中，"主科"教师，即文化课教师在学校、教师和学生中的地位更高一些，因而其权威性、话语权也就更大，因此与体育教师相比，文化课教师管理的力度相对来讲更大一些。校级校园足球管理中文化课教师和体育教师能不能形成合作共识的意识和能力，是解决校园足球管理的关键问题。发展校园足球和学生文化课学习并不是天然矛盾的,"学训矛盾"是人为造成的,如果不是体育教师的过度训练和文化课体育教师的题海战术,可能矛盾不会出现。体育教师如果能克服过度训练的问题,文化课教师如果能通过提高教学质量摆脱题海战术,如此便可在相互合作中,共同促进学生身心的健康发展,实现"五育并举",这也是教育教学的关键所在。在理念和实践层面,都形成的共识是学生参与校园足球会促进学生的全面发展,国家也在大力提倡这种全面发展的理念,但惯性思维的力量是不可忽视的,它总是在不经意间站出来对校园足球造成影响。因此,需要各方的合力才能克服这种惯性的力量,从而形成新的发展格局。所以,以校长为代表的校级管理层首先要明确校园足球管理的目标和价值,要努力解决文化课教师和体育教师在校园足球中的不同诉求,教师要努力研究教学,不断提高自己学科的教学效率,从而平衡好文化课学习与校园足球的关系。

在食物链中,某一个节点生物种群数量的减少会对整个生态系统带来影响,有时甚至会造成生态系统的崩溃;校园足球管理链中,节点的数量基本固定变化不大。因此,节点数量不是影响校园足球生态的重要因素,而节点的质量在不同的地区或学校却是不同,是有所变化的,其变化对校园足球生态系统会产生影响,通常决定校园足球生态发展的质量。在校园足球管理链中的校级管理链,以一个学校的局部校园足球生态为例,校长的管理质量是这个校园足球生态的关键因素。在实践中,每一个校园足球发展得好的学校,往往必有一个支持校园足球发展的、善于管理的校长。

三、校园足球管理链的动力机制

校园足球在我国已经有十几年的发展历史,但理念与现实仍有一些距离,与校园足球的愿景相比,校园足球的实践还远远不能让人认可。校园足球的管理链运转在很多时候还并不顺畅。校园足球管理的核心是协调管理链各节点之间的关系,充分调动每个节点参与管理的主动性和积极性,这需要建立协调运转的校园足球管理动力机制。在理清校园足球内部各管理节点关系基础上,建立各管理节点之间相互关联、相互监督、相互激励的校园足球管理动力机制，即采用一条无形的链条将各管理节点连接在一起，使校园足球的管理实现真正意义上的人人参与、人人努力，达到服务人人、利益人人的目的。

校园足球管理链的动力机制主要包含三个方面：利益驱动、政令推动和社会心理推动。在这三个方面中，校园足球的管理链中起明显作用是政令推动，而利益驱动和社会心理推动还没有得到校园足球运动的重视，也没有起到相应作用。为了更好地推动校园足球的发展，校园足球运动应当建立以政令推动为基础，利益驱动和社会心理推动辅助的"三位一体"的管理动力机制。

政令推动是校园足球动力机制的基石。我国校园足球的发展是自上而下，由国家意志进行推动的。为什么在一些地区或一些学校，校园足球运动发展得比较好？这首先是因为国家政策好，其次是因为地区和学校执行的力度大。以辽宁省法库县卧牛石小学的校园足球发展为例，卧牛石小学的体育教师本身热爱足球，在国家推出校园足球政策后就开始在学校进行校园足球推广的尝试，不仅在体育课上教学生足球，更是组织了足球队带队员进行课余训练。但当时法库县并没有开始准备推进校园足球，所以一开始并没有比赛可参与，但自2012年法库县开始确立发展"足球之乡"的发展理念后，大力推进校园足球。于是当年就有了首届法库县小学女足联赛，而卧牛石小学因此前已开展了两年的训练活动，所以以绝对优势夺冠，为后续的发展打下了坚实的基础。所以，政令推动对校园足球发展起着重要作用，不仅要求国家的政令推动，更需要各级地方政府的政令推动，即在校园足球管理链上，各层级的管理者皆要制定相应的政令，协同推进校园足球的发展。

利益驱动是校园足球动力机制的助推器。利益驱动是企业管理中最重要的动力机制，而校园足球虽然说启动和推动是要靠政令，但如果仅有政令打动，而不注意利益驱动的运用，在实践中校园足球的推动必然不畅。在这种情况下，如果学校和教师参与校园足球运动，而没有获得相应的利益，那么真正投入的学校和教师不会很多。给予积极投入校园足球发展的学校和教师更多利益，显然有利于校园足球政策的最终落地。仍以法库县卧牛石小学的校园足球发展为例，通过发展校园足球，学校提高了知名度，吸引了外部多位足球专家和社会名人到访学校，为学校提供发展所需；而学校教师也获得了个人利益，在职称晋升上走到了其他学校的前列。正是看到了实实在在的利益，卧牛石小学的校园足球势头才越来越大，并且不断取得新的成果。所以，利益驱动是校园足球发展的有效助推器，应当受到应有重视。

校园足球的发展需要各级管理者的政令推动，校园足球在育人方面有重要价值和意义，但这种价值和意义在教育系统显性和隐性的奖励制度中却难以体现。以中考为例，学校、体育教师投入大量精力去推进校园足球发展，而校园足球在升学考试中是否发挥了相应的作用？如果没有，学校和体育教师投入会受到其他教师的阻碍，而学校和体育教师本身会产生不再投入大气力开展校园足球运动的心理。校园足球运动的发展是教学、训练和竞赛"三位一体"的，当前的升学考试，虽有省份可以选考足球，但所考核项目与训练，尤其是竞赛并没有多大关系，不参加学校足球竞赛的学生也可以达到满分的水平，所以，体育升学考试如何体现对足球教学、训练和竞赛"三位一体"的综合考核，这是当下应研究的课题。

校园足球本身就能为学校、教师尤其是学生带来利益，但这种利益有时是隐性的，需要通过宣传让其显性化。运动改变大脑，适当参与体育运动有利于文化课的学习，已经被脑科学理论和实践证明，参与校园足球的学生可以获得利益，但这种利益却被当前的一些教育想法所遮蔽。"学习文化课的时间还不够，哪有时间去进行校园足球活动？""进行校园足球活动浪费时间，不利于学生提高学习成绩。"这是部分教师和家长的想法，这样的想法使他们看不到校园足球对学生长远发展的益处。所以，校园足球的管理者应当采用适当措施，让校园足球的利益更加显性化，从而产生更大的利益驱动。

社会心理推动是校园动力机制的稳定剂。在校园足球运动中，社会心理推动作用并不明显。在社会上还没有形成有利于校园足球发展的社会心理环境因素，没有形成优质的校园足球榜样，以便让学校、教师、家长、学生来模仿和认同。用好社会心理推动这一要素，需要管理者做好校园足球榜样的甄别、提炼与宣传工作，让校园足球中能体现国家发展校园足球本意的优秀学校和优秀运动员更多地展现在众人面前，让更多的人认为校园足球可以大力发展、大力参与，而且大有可为。这样就能吸引更多的人，以更大的精力投入到校园足球事业发展中。此外，发挥校园足球的社会心理推动作用，还要加强师德教育和官德教育，让教师和管理者建立正确的校园足球观，从而推动校园足球发展。尤其是官德教育，如果管理者能够克己奉公、全心全意从学生发展的角度出发，相信会有越来越多的校园足球发展的好榜样涌现，这样就能逐渐形成良好的校园足球发展生态环境。

第二节　校园足球人才链

2019年《中国儿童发展报告》显示，近80%的中小学生睡眠不达标，近70%的中小学生参加了课外培训班，这表明中小学的学业很重。正是因为我国中小学生长期的学业负担过重，不利于青少年的健康成长，国家现在推出双减政策，以期扭转当前学生课业负担过重的局面。

校园足球作为学校教育的一环，与升学产生这样、那样的联系，受到教育升学链的影响，也对教育升学链产生影响。结合教育升学链，探讨校园足球人才链问题，能对我国的中考和高考政策产生积极意义。

一、升学链

升学链是指从小学到初中、高中，最后上大学的不断向上升的完整链条。这个链条存在小升初、中考和高考三个节点。学生在这个链条上不断向上流动。当前，我国的教育优质资源并不丰富，进入不同的学校，意味着不同的机会和机遇，所以，学生主动或被动在这条链条上相互竞争，都在争取考上好的初中、高中乃至好的大学。什么是好初中，有更多学生升入好高中的初中是好初中；什么是好高中，有更多学生升入好大学的高中是好高中；什么是好大学，学生毕业后能有更好出路的大学是好大学。好的初中、高中和大学，汇聚了优质的教育资源；构成了优质的教育链条。什么是好学生？能考出高分的，升入好的初中、高中、大学的学生是好学生。学生只有考上好初中，才有更大的机会考上好高中，也只有考上好高中，才会有更大的机会考上好大学。这是升学链中的另类富集现象。而正是这种富集现象造成了家长的教育焦虑，同时也在不同程度上改变了学生的命运。

在当前学校教育中，存在不少与儿童天性相悖的情况。不仅课堂上要正襟危坐，保持安静，有的学校甚至要求学生在课间也要保持安静，更不用说嬉戏。而嬉戏、交流都是儿童的天性，这种违背儿童天性的教育，让学生感觉在学校没有意思，实则影响学生的心情，进而影响学生的学习效率。更不用说学校体育教师"被生病"现象，期末考试前一个月，很多学校会停上体育课，高三更是基本上不上体育课，这在一些地区和学校是屡见不鲜的。参与体育运动是大部分儿童期望的事，体育活动被学校所剥夺，学生却无力反抗，只能被动接受。更不用说学生好不容易有个假期，本想着好好放松一下，安排一下自己的个人兴趣，但又被父母安排了各种各样的补习班，甚至比上学还累。这些情况是需要社会、教育工作者和学生家长深入思考的问题。

　　这些问题背后的原因是复杂的、多元的，有社会生态环境的影响，但最重要的影响还是来源于教育内部，尤其是教育评价存在的问题。国家对此已经有深刻的认识，提出了改革的愿景，要破除唯分数、唯升学、唯文凭、唯论文、唯帽子的顽瘴痼疾，就要从根本上解决教育评价指挥棒问题。国家已经出台了一系列政策试图解决这一问题，比如，进一步加强体育学科分数在中考中的比例，研究将体育纳入高考的方式方法等。但问题是，当前的体育中考并没有起到应有作用，没有将学生从繁重的文化课学习中解放出来，更没有带给学生更多的乐趣，也没有增加学校对待体育教学的重视，只是增加了学校对待体育中考的重视。所以，体育中考如何改进是一个重大问题，体育中考的改革方向，应当让学校重视日常体育课，不再轻视体育课，应当让教会、常练、常赛在体育中考中有所体现，应当让学生乐于参与，成为学生学习文化课的优质调节剂。还有一个更重要的需要改革的评价，就是对学校的评价和对普通教师的评价。从目前来看，这是助推应试教育的最大动力。因为，只有升学率高的学校才被称为好学校，才能获取更多、更好的资源；只有所在班级升学率高的教师才是好教师，才能在职称晋升和评优上获得优势。只要这样的评价方式不变，学校和教师就有实施应试教育的压力，就很难从应试教育的怪圈中走出来。

　　单一以文化课成绩为标准的升学率评价学校，使升学链上的各学校面貌也变得单一，各学校都有大致相同的追求，大致相同的教学模式和管理模式。在这种模式下校园足球通常只是学校的一种点缀，一种学校的面子工程，而不能真正融入学校教育的育人体系中，音、体、美在只能是"副科"。在这种教育模式下，学生的个性化发展很难得到保证，学生即使想在校园足球运动方面有所发展，也经常会受到各种阻碍，学生很难找到一所学校，每天能真正拿出一个小时来让学生进行体育活动，尤其是初中学校和高中学校。

在这种以文化课为标准的单一追求升学率的环境下，各学校和教师更是将精力放在自己所处学段学生的文化课成绩上，而较少考虑学生的全面、长期发展，从而造成各学段之间的断裂。当前教育还存在相当严重的填鸭式教育和题海战术，虽然很多理论与实践已经指出，这样的方式不利于学生高阶思维的发展，不利于学生学习自主性的保持，会造成学生自主学习能力和创新能力的低下。但这样的方式，可以帮助学生取得好的成绩，应对当前的中考和高考。那么，学校和教师也就为不愿抛弃这种落后的教育模式找到了合适的理由。这样造成了学生中小学每个学段，在一定程度上都受到学校和教师的严格管理与训练。因此，对于一些学生而言，所有的学习精力和意愿已经在中小学阶段透支，而上大学后则表现出学习能力低下的现象。大学阶段的教育，需要的不再是会做题的学生，而需要的是能够自主学习不断创新的学生，但学生的这种能力却在中小学阶段得不到足够重视。这样的问题，迫切需要通过教育评价制度的改革来得到有效解决，以便让各阶段学校同心协力，转变到追求学生长期、全面发展上来。

教育评价制度的转变，必然是长期的、艰苦的工作。当前，在我国教育中正在推进思政教育的贯彻落实，能为升学链上无力的学生提供一些助力。家长之所以希望自己的孩子能在每一个学段都上好的学校，是因为怕自己的孩子上了不好的学校，被不好的风气所影响，不能健康成长。不好的学校通常校风和学风也不好，缺乏一种积极向上的氛围，甚至存在各种所谓的"问题学生"。思政教育的推进是改变这种现象的一种有效手段，甚至可以说，思政教育是我国学校教育的托底教育，是能托起中国教育的希望。一个追求课程思政的学校，一个所有师生有高尚品德的学校，不管教师的教学水平如何，真正的人才不会被这样的学校所影响。这在当前我国教育资源不均衡的现实情况下，是一个优秀的应对解决方案。思政教育使大家处在了同一起跑线上，更是保证学生学习环境公平的重要一环。

目前，我国的升学链运转需要进一步调整，升学链向上流动的人才应当是国家所期望的德智体美劳全面发展的社会主义建设者和接班人。

二、升学链中的校园足球

我们的教育目标是培养德智体美劳全面发展的社会主义建设者和接班人,在升学中占有优势的理应是德智体美劳全面发展的学生。在升学考中,德、智、体、美、劳"五育"皆应当有所体现。但真正的全面评价在操作层面却面临巨大困难,而一直没有得到有效推进,目前除了体育在中考科目所有体现,德育、美育和劳育皆没有得到较好地体现。如果体育在升学科目中无法得以有效体现,校园足球的生态不可能得到真正改善。

校园足球在升学链中是否起作用,起什么样的作用,无论对学校还是教师、家长及学生个人来讲都意义重大。校园足球在升学链中有显性作用和隐性作用,显性作用就是校园足球直接在升学考试中占有一定的分数比重,隐性作用则指通过校园足球的开展,能促进学生的文化课成绩提高。

当前校园足球的显性作用,只体现在部分省市的体育中考中,即只有部分省市在体育中考核足球项目。这种显性作用在当前的教育环境下,无疑是吸引学校和学生参加校园足球的一个重要举措,但这种状况只存在于中考,而在高考却难以实现。所以,这种对学校和学生的促进作用只体现在初中阶段,而在高中阶段却没有得到有效体现。因此,不能持续地促进校园足球的发展。体育进高考存在很大的变数和操作困难,短期难以实现。所以,校园足球的发展应当考虑如何让隐性作用显性化。

校园足球在升学链上的隐性作用,不会自动显现。我国实施校园足球不仅有增强体质的目标,还要有享受乐趣、健全人格、锤炼意志的目标,这是基于校园足球本身的功能所提出的。但无论是学校还是教师,对校园足球实现享受乐趣、健全人格与锤炼意志的目标,并没有充分的意愿和信心。究其原因,一是对校园足球如何实现这些目标不是很清楚;二是对实现这样的目标在促进学生全面发展的意义上理解不深刻。如果清楚知道如何实现增强体质、享受乐趣、健全人格和锤炼意志的目标,体育教师就可能会投入更大的热情。如果所有教师对实现这样的目标在促进学生全面发展方面的作用有深刻理解,文化课教师就不会再占用体育教师的时间。当前最重要的是让校园足球对文化课学习的促进作用显性化,这将有利于校园足球的推进。普通学生适当参与校园足球会有利于文化课学习，这已经是被证明的理论和事实，可在现实中，大多数学校和教师对校园足球的促学作用选择无视，主要原因是运动促进学习的理论与实践主要在西方国家得到了有效地研究和落实，而在我国还存在诸多短板。因此，我国应该大力推进这样的实践。

在升学链中，校园足球的显性作用发挥需要对体育中考进行重新设计。当前的体育中考中校园足球虽然占有一定比例，但和其他项目的考核一样，考核内容并不能真正促进校园足球的发展。当前，足球的考核项目仅仅是足球中几个单一的技术，这样的考核内容在当前的教育生态环境中，很容易让校园足球的发展走向应试教育，而失掉校园足球本有的生气与可能。所以，足球项目的考核要走出应试教育的怪圈，不应当将重心放在考核学生相对客观的足球技术上，而要考虑如何考才能让学校重视足球，让学生参与足球和享受足球。这是因为无论是校园足球，还是其他校园体育项目，往往都是学校影响和阻碍了学生在其中的发展可能。

在升学链中，校园足球隐性作用的发挥，不是体育教师独自能完成的任务。校园足球隐性作用的发挥，既需要体育教师的努力，又需要文化课教师的支持。体育教师在足球教学中应当让学生体验到乐趣，感受到成功才能为学生进行文化课学习产生积极作用。所以，体育教师应当考虑如何利用学生本身所具有的对运动的兴趣，让学生在校园足球运动中更主动、更开放、更开心地学习。为了达到学生更开心的学习校园足球，文化课教师也要进行相应的改变，尤其是要改变自己的教学方式，改变大搞题海战术的教学方式，要相信参与体育运动会对学生的文化课学习有积极的促进作用，让学生在参与校园足球运动时有一种更为宽松、积极的环境。

三、高水平校园足球运动员升学链

高水平校园足球运动员的发展是校园足球推进工作中的重点，不仅能为我国足球运动培养后备人才，更重要的是可以培养校园内的足球领军人才。影响高水平校园足球运动培养水平的最大生态因素，就是高水平校园足球运动员的升学链。

高水平校园足球运动员升学链指的是校园足球中高水平运动员的逐级向上升学的链条。

当前校园足球学校系统内的高水平运动员升学链条主要通过校园足球特色学校和高校足球高水平运动队来实现。在中小学阶段，全国已经建设超过 2 万所全国校园足球特色学校，但从目前来看，高水平运动员的学段链接仍存有不少问题，尤其是在小升初阶段，校园足球高水平运动员的流失相当严重。

小升初阶段的校园足球高水平运动员流失严重，源于初中升学压力的增大和合适的初中学校数量相对较少有关。在小学阶段参与校园足球训练的学生，在处理学习与训练的时间冲突方面面临较小的压力。在这一阶段，无论是家长还是教师，都能支持学生参与课余校园足球训练和比赛，在学生需要请假时教师是比较宽容的态度，孩子的运动成绩不好，家长也不会停止训练。但上初中后，一方面学生的课业压力增大了，又面临中考，无论是家长还是教师，都会考虑学生参与校园足球训练的效率问题，对一些运动成绩不好的学生，家长和教师皆不会因为学生的喜欢和能锻炼身体而支持，怕学生无法考入好的中学。

高校的高水平运动员招生一直以来对文化课成绩要求不高，这造成了教练和学生对文化课成绩的不够重视。这种对学生运动员文化课成绩不重视的现象，影响了学生运动员的文化课学习氛围，造成了大多数校园足球学生运动员文化课成绩不好，即使上了好的大学，毕业后发展也受到了限制。而且这样的发展模式造成了学生运动员一旦因受伤等原因无法通过足球上大学，则基本上无法通过参加正常高考上大学，这种风险也是家长所不想承受的。

高水平校园足球运动员的升学链需要重新设计，要精准认定什么样的校园足球人才能在升学链中向上流动。校园足球高水平运动员是教育系统内的运动员，是对传统训练体制下的足球运动员文化课成绩不高的一种否定，理应以培养体智双优的足球运动员为自己发展的目标。国家层面已经认识到了这一点，已经对高校高水平运动员的招生做出了调整，文化课成绩的要求在不断提高。虽然基层认识和相应的配套策略还没有到位，但从国家层面让学生和家长看到了努力的目标，看到了国家相信学生可以做到体智双优，而不像过去，从招生制度上就给学生参与足球运动训练就不能学好文化课的心理暗示。这样的制度最终会吸引更多的真正喜欢足球的学生参与校园足球训练，参与校园足球的学生不再是为了逃避学习，反而为了自己喜欢的足球而更为努力地学习，进而校园足球将成为校园中优质学生的聚集地。当然，这需要各中小学进行改变，让有体智双优想法的学生能找到合适的学校。培养体智双优的足球运动员不只是体育教师的事，是需要学校所有教师共同努力的事，体育教师不能过度训练，文化课教师不能搞题海战术，只有这样学生才能处于全面发展的有利生态环境之下。

四、校园足球大生态系统结构

校园足球大系统是指校园足球微系统与在上一级母系统教育及与教育同级的子系统所构成的系统。系统的构成要素包括：校园足球、教育、体育、政治、经济及文化系统。其中，校园足球是主体要素，其他是环境要素。教育是校园足球的母系统，政治、经济、体育及文化系统既通过影响教育来影响校园足球，又直接对校园足球起到影响作用。教育和体育环境要素与校园足球主体要素之间的相互关系最为紧密。

教育是校园足球发展的环境，也是发展的土壤。在实践中，对校园足球来讲，教育土壤可能是肥沃的，也可能是贫瘠的。在实践中存在学校对校园足球课重视不足的现象，校园足球教师也难以获得学校的支持。与此同时，高考中又存在体育专业考生，他们的高考方向为体育专业和高水平运动员考试，体育专业招生制度与高水平运动员考生制度影响着校园足球的提高。以高水平运动员考试为例，目前学生的文化课成绩在足球高水平考试中所占比重与国外发达国家相比，还处于较低水平。这导致中小学参与足球训练的学生普遍的对文化课学习重视不够。这种影响初看上去是对文化课学习的影响，实则也影响了学生足球水平的真正提高，他们的智力水平、解决问题的能力没能得到更多的锻炼。

校园足球能对教育的发展起到重要推动作用。校园足球从系统性的角度来看，本是教育的一部分，肩负着发展学生身体素质，提高团队精神与顽强拼搏的精神的责任，是塑造学生全面发展的重要一环。校园足球发展好了，学生不仅会有一个良好的身体，也会展现出一个良好的精神面貌。一所学校的校园足球发展好了，学生会对学校有更强的归属感。一些发达国家的经验表明，学生对学校的归属感强烈的一个重要因素，决定着学校体育运动发展得好坏，因为在一定程度上来看，这是青少年的乐趣所在。

校园足球与体育之间相互联系、相互影响的关系更为明显。校园足球是在发展我国足球事业背景下提出的，被设计为我国足球事业发展的基础工作，与足球事业互为支撑关系。我国足球事业发展得好，会激发更多的学生参与足球运动，也会得到家长更多的支持。而如果足球事业存在较多的负面因素，比如假球和足球梯队上升中的腐败现象，就会影响学生与家长的积极性。校园足球发展得好，能为我国足球事业开创新局面。随着社会的发展，人们对参与传统的以三级训练网为基础的足球青少年训练越来越难以提起兴趣，而在校园足球运动中的足球训练能兼顾训练与学习所以得到更多的支持，从而为我国足球事业发展提供更多的后备人才。

校园足球与经济是相互联系、相互影响的关系。经济是校园足球发展的环境，能影响校园足球发展的数量和质量。经济条件好了，人们才有能力去追求更好的生活，才会为孩子在体育方面投入更多的支持。当前我国的经济发展状况良好，这为学生参与校园足球提供了很好的物质保障，大多数家庭的经济条件都能支撑学生参与足球教学、训练和比赛。也就是说，在经济方面大多数家庭都能为学生参与校园足球提供支撑。另外，校园足球的发展也能为经济发展提供助力。校园足球的全面深入发展，会带来足球场地、器材、服装等产业的进一步发展，可带动相关足球赛事及与赛事相关的衍生行业的发展，为经济发展提供新的助力。

校园足球生态的系统结构是校园足球各生态主体在各种生态环境中开展各种校园足球活动的概括。生态主体相互之间存在依存关系，与环境和活动更是存在着相互影响、相互制约、相互促进的关系。生态主体可以改变环境，或以校园足球各活动开展得更为顺利。在一些环境条件大致相同的情况下，有的学校校园足球活动开展得好一些，有的学校开展得差一些，这与生态主体的主体性发挥强弱有很大的关系。主体作用发挥好的学校，各主体之间形成良好互动融洽的关系，共同促进校园足球的发展，学校的环境就会越来越好，活动开展越来越丰富与高效。反过来，生态主体又受到环境的制约与活动实践的制约。没有一个好的环境，没有合适的场地器材，足球教师也很难以有效开展校园足球活动。

第五章　校园足球生态位

　　生态位现已成为生态学中的一个核心概念，通常是指在生态系统及其群落中，一个物种与其他物种相关联的特定的时间位置、空间位置和功能地位关系。生态位理论揭示：在自然界中一个生态位只能有一个物种，没有两个物种生活在同一生态位中；如果同一生态位中出现了两个物种，则必然会发生激烈的物种间竞争。在这种情况下，即便是亲缘相近，具有相同生活习惯和生活方式的两个物种也不例外。如果物种形成并拥有适合自身生存和发展的生态位，就可以弱化与其他物种的恶性竞争，确保生物群落和生物圈的有序和稳定。

　　生态位理论不仅在生物学研究领域中具有普遍意义，又有着极强的包容性，近年来已越过生态学的学科边界，广泛地渗透到社会学、经济学、管理学、教育学等学科中，并产生应用价值。校园足球应用生态位理论，核心观念是无论是校园足球系统主体、群体主体与个体主体，都应找到适合自己的生态位，在发展的道路上既要避免生态位重叠，又不能落入生态位分离，而应当找到一个平衡点，达到生态位互补，从而充分利用已有资源，实现和谐可持续发展。校园足球生态位的形成，不同于自然界特定物种生态位的形成。在自然界中，每个物种在进化的过程中，经过自然选择形成了特定的形态与功能，在生态空间中占有特定的生态位；校园足球与自然生态系统有所不同，校园足球的发展受生态环境和生态主体的双重影响，尤其是生态主体自身的能动性影响，很多情况下生态位是生态主体根据生态环境所作出的主动选择。也就是说，在校园足球的生态系统中，主体是具有能动性的人，与自然界和生态系统中的各物种有着根本的区别。因此，应结合自身的独特性，对校园足球生态系统中的生态位进行分析。

第一节　校园足球系统生态位

校园足球系统生态位观点是将校园足球生态系统看成一个大的群体，考察其在大系统中，以及与相关小系统的特定的时间位置、空间位置和功能地位关系。

一、校园足球在学校体育系统中的生态位

校园足球上一层级生态系统是学校体育生态系统，学校体育生态系统中和校园足球生态小系统处于同一层级的生态系统是校园篮球、校园排球、校园网球和校园冰雪等其他学校体育运动项目。校园足球在学校体育系统中的生态位就是校园足球与校园篮球、校园排球、校园网球和校园冰雪等其他学校运动项目的时间位置、空间位置和功能地位关系。

（一）校园足球在学校体育系统中的现实生态位

校园足球在学校体育生态系统中占据了优势生态位。这是因为校园足球是国内第一个在学校层面由国家大力推动的体育运动项目。足球和其他运动项目尤其是球类项目一样，一直是学校体育重要的课程资源，因为各种生态环境的因素，足球从众多运动项目中脱颖而出，在学校体育层面被凸显出来。其中，主要的生态因素是我国足球事业发展得不顺利，同时足球在全球和我国的影响力比较大，再加上学校体育运动也需要有一个项目率先冲出来，做出改变。自国家将足球确定为学校优先发展的运动项目以来，校园足球就在国家的推动下开始了有目标、有举措和可持续的发展进程。

目前，在学校体育项目中，校园足球是受到关注和投入最多的体育运动项目。校园足球是国家层面出台相关政策最多的运动项目，国家先后出台了多部校园足球相关政策法规和行动计划，对校园足球的发展做出了顶层设计和具体规划。在国家的推动下，校园足球特色学校、校园足球试点县和校园足球满天星训练营等

已经遍地开花。在校园足球建设的过程中，国家投入了大量的人力和物力，校园足球特色学校最少要建设一片足球场，满天星训练营要聘请高水平的教练，其中有不少是从国外聘请的教练。事实上国家十分重视校园足球的教学体系、训练体系和竞赛体系的建设。在教学体系建设方面，重视校园足球教学与训练数字化资源的建设。在训练体系建设上，除了重视满天星训练营的建设工作以外，还重视基础学校足球教师和教练员的培训工作，投入大量经费在国家层面的校园足球教师和教练员的培训组织工作。在竞赛体系上建设上，在国家的大力推动下，校园足球"四位一体"竞赛体系业已建立，学生们有了更多不同层次的校园足球比赛可以参加。此外，国家还在校园足球的宣传工作上投入了较多的精力，为校园足球的发展造势，吸引更多的人理解、喜欢和关注校园足球。

校园足球在学校体育中的地位最高、发展潜力最大。校园足球本就是学校体育中的一个常见运动项目，与篮球等其他项目共享学校体育的资源，但在国家意志的加持之下，校园足球显然已经成为学校体育最被重视的运动项目。以校园足球特色学校为例，在教学方面，要求义务教育阶段，学校应把足球作为体育课的必修内容，每周用一节体育课进行足球教学；高中阶段学校开设足球选修课；足球运动纳入大课间或课外活动。在训练和竞赛方面要求：成立足球组织，学校有足球俱乐部或兴趣小组，吸纳有兴趣的学生参与足球活动；小学三年级以上建有班级、年级代表队，学校建有校级男、女足球代表队；学生基本达到全员参与足球。建立竞赛制度，不断完善校内足球竞赛制度并趋于稳定；每年组织校内足球班级联赛、年级挑战赛，每个班级参与比赛场次每年不少于10场；积极参加校园足球联赛；主动承办本地足球比赛。无论是体育教学占比，还是训练和竞赛占比，校园足球无疑是最大的那一个。

正是因为足球在学校体育中的资源、时间和精力上的占比最大，所以国家也赋予了校园足球学校体育教学改革的破冰者地位，而校园足球理应发挥这样的功能。学校体育教学改革是国家一直大力推动的工作，并且集中人力物力从校园足球这一点进行突破，在突破之后再以点带面实现学校体育的全面突破。校园足球既然被赋予了破冰者的地位，就应当以更大的责任心来实现校园足球的全面发展，让校园足球的育人价值得以真正显现，让校园足球的教学、训练、竞赛带给学生和学校更多的活力与发展。从目前来看，校园足球确实做到了这一点，校园足球的一些积极意义已经在学校实践中得到了体现。部分校园足球特色校的学生身体素质得到了显著提升，学生的精神面貌得到了有效改善，甚至学生的文化课成绩也有一定提高。但是，当前所取得的成绩仍不足以破解学校体育教学改革的难题，除了在其他方面下功夫外，校园足球本身的发展还需要进一步设计和宣传，让参与身体运动成为学生、学校、家长和教师的共识。

校园足球除了是学校体育教学改革的破冰者，还是竞技人才培养改革的先行者。校园足球的改革不是单一的改革，是有相关方面同向进行的整体改革，和校园足球直接相关的政策是体教融合政策。体教融合的提出，在学界是早于校园足球的，但在国家政策层面则是在校园足球之后，是在校园足球发展到一定阶段，取得了一定成果后而适时提出的。校园足球政策是对我国竞技体育中运动员文化水平不高的一种回应，也是一种在学校教育层面培养高水平足球运动员的一种有益尝试。校园足球占据了这样的地位，就应当体现出相应的价值和作用。校园足球的发展，必须实践出一条体育与智育融洽互促的发展道路，必须让体智双优在校园足球上得到实现和宣传，成为一种受到肯定和重视的价值取向。

（二）校园足球在学校体育系统中的生态位调整

校园足球是人工生态系统，其生态位有主动选择的成分在里面。校园足球生态位的调整，涉及选定自己合适的生态位，避免生态位的过度重叠和分离，进行生态位拓展和收缩等。

校园足球选定自己适宜生态位，就是根据生态环境的不断变化，不断确定自己在学校体育生态系统内的角色和地位。在自然界中，物种是在自然进化过程中，经过自然选择，形成特定的形态和功能，在生态空间中占据特定生态位，并且当生态环境变化时，不断顺应环境找到更适合自己的位置。校园足球的生态位不是自然选择的结果，而是人为设定，并由人的行动实践所具体形成的。所以，当校园足球的生态环境变化时，也需要在人为的干预下，主动调整自己的生态位，以更好地应对校园足球生态环境的变化。校园足球的生态环境既有学校体育生态小环境的变化，又有教育生态环境，乃至社会生态环境的大环境变化。校园足球的推进已经有一定的时间，校园足球已经取得了一定的发展。而校园足球的发展和成果又成了校园足球的生态环境的一部分，也是校园足球生态环境变化的一部分。与此同时，我国的经济事业和社会事业发展，在经历数十年的全国人民的不断努力奋斗后，也取得了长足的进步，已然成为在世界上举足轻重的重要经济体和重要的国际力量。另外，家庭在对子女的培养和长远发展上，也有了新的期待与不同的要求。这些都是校园足球生态调整面对的新变化，也是要考虑的重要因素。

在学校体育生态系统内，校园足球的发展要避免生态位过度重叠和生态位过度分离现象。校园足球和校园足球篮球、校园排球、校园网球和校园冰雪等其他校园运动项目之间在生态位上，不可避免地存在重叠现象。在学校体育生态系统中适当地重叠并不影响各自项目的发展，但各运动项目应找准自己独特的价值和优势作用，形成各自的优势生态位。校园足球的独特价值在于足球运动本身的价值，足球运动之所以会成为世界第一运动，不仅在于其商业价值大，观赏价值大，更在于足球本身具有极强的娱乐性，能让参与其中的人产生巨大的乐趣。校园足球的发展要强调足球运动的独特价值，比如在校园足球运动中，一定要让学生体验到参与足球的乐趣。学校体育中校园足球与校园其他运动项目的重叠并不可怕，可怕的是过度分离。当前校园足球的发展与其他校园运动项目的发展，存在着过度分离的问题，虽然国家在推进的时候，并没有刻意地制造分离。但是在实践中，却因种种原因造成了不同程度的分离。校园足球与校园其他运动项目的生态位过度分离，体现在以下几个方面：一是体现在物质资源利用上的分离。校园足球所有的场地器材没有和其他校园运动项目合理共享；二是体现在师资资源的分离。校园足球教师也缺少和其他校园运动项目教师在教学、训练与竞赛等方面的有效沟通，造成各自为政；三是教学内容上的分离。各种不同的体育运动项目都是对学生身心的具体训练，因此在一定程度上具有学习内容的重叠性，如何在训练中实现有效沟通，既体现学习内容的一致性，又体现各自项目学习内容的独特性，应避免重复训练、过度训练；四是在学生主体上的分离。校园足球学生运动员与其他项目的运动员一样，经常被要求不能参与其他校园运动项目的训练。校园足球与校园其他运动项目的过度分离不利于学校体育教育资源的有效利用，容易造成教育资源的浪费，同时不利于各自项目的互利共享和长远发展。

为了达到对学校体育资源的高效利用，校园足球应当进行生态位的拓展和缩减，形成与其他校园运动项目的互补生态位。随着校园足球的尝试推进，在校园足球打下基础后，其他校园运动项目的推进也应当紧随其后。目前跟进的有校园篮球、校园排球、校园网球和校园冰雪，但远没有达到和校园足球齐头并进的状态。校园足球生态位的主动收缩和其他校园运动项目的拓展，对校园足球本身来讲是一件好事。校园其他运动项目和校园足球的协同发展，看似在与校园足球竞争人才，实则是为校园足球在筛选人才和培养人才，正是有其他运动项目的发展，喜欢和适合其他运动项目的人才就不会再专攻足球了，而以足球训练为主项的学生则是真正喜欢和适合足球的学生。那么就能以更少的资源取得更大的效果，从而更好地利用学校体育资源。

二、学校体育在学校教育系统中的生态位

（一）学校体育在学校教育中的现实生态位

学校体育是校园足球的上级生态系统。学校体育在学校教育中的生态位，基本上决定着校园足球在学校教育中的生态位。如果学校体育在学校教育中处于相对优势的生态位，那么学校体育的发展就好，与此相应，校园足球的发展也就会具有良好的势头。反之，如果学校体育在学校教育中处于理论层面重要，在实践上却往往被忽视的相对弱势的生态位。那么学校足球的发展也就随之起伏，难以产生优势效应和获得可持续的优势发展。

理论界给予了学校体育在学校教育中的较高地位。无论是体育学者，还是以其他学科为主的教育者，又或是教育行政部门的官员都认可学校体育的作用。

在政策层面，国家更是给予了学校体育相当重要的地位。1951年政务院发布了《关于改善各级学校学生健康状况的决定》，指出了学校体育和卫生工作的重要意义，并且提出了具体要求。这一文件是新中国成立后发布的关于学校体育和卫生工作的重要的引领性和指导性文件，确立了国家层面在学校体育教育中的领导地位和指导作用，为后面对学校体育工作的领导和促进其有序、良好发展打下了坚实的基础。1979年教育部和国家体委联合颁布了《中小学体育工作暂行

规定》、《高等学校体育工作暂行规定》（试行草案）和《全国学生体育运动竞赛制度》，将大中小学体育教育贯通起来进行有效规范和引导，为学校体育工作的长远发展和具体实施指明了方向，提供了基本遵循，对进一步改善学校体育工作起到了引领作用。进入21世纪以来，我国又接连发布了3份重磅文件：《关于全面加强和改进新时代学校体育工作的意见》《深化新时代教育评价改革总体方案》《关于深化体教融合促进青少年健康发展的意见》。新文件指出，学校体育是实现立德树人根本任务、提升学生综合素质的基础性工程，是加快推进教育现代化、建设教育强国和体育强国的重要工作，对于弘扬社会主义核心价值观，培养学生爱国主义、集体主义、社会主义精神和奋发向上、顽强拼搏的意志品质，实现以体育智、以体育心具有独特功能。要把学校体育工作摆在更加突出位置，构建德智体美劳全面培养的教育体系。这些文件的出台，实现了学校体育从立德树人的高度明确站位，为新时代实现"五育并举"提供了政策依据，为有效评价学校体育工作提供了政策依据。少年强则国强，从根本上而言，就是促进我国青少年的健康成长，实现中华民族的伟大复兴。

　　但在实践中，大部分学校对体育的重视不够，在执行国家关于学校体育的相关政策上存在这样或那样的问题。在国家相关政策文件中，已经非常明确地强调要开足开好体育课，确保学生每天有一个小时的体育活动时间。在实际的学习教育中，部分学校并未认真执行这一政策要求。根据调查显示，体育课经常被文化课老师侵占的现象还时有发生，一些学生也没有享受到每天1小时的课外活动。甚至目前正在推进的"双减"政策，在少数地区和学校也没有得到认真和彻底地执行。课后延时服务的本意是让学生更多地参加体育活动。但在实践中，却有一些学校将其用来补习文化课程。一些学校在不同程度上不能严格执行国家重视学校体育的政策和很多因素有关，比如教育思想落后、"重文轻武"的传统观念、对学校和教师的考评策略等。正是这些历史与现实的因素，促成了学校和教师将学校体育置于弱势生态位，使其缺少了顺势而为、迎头而上的发展势头。

　　家长因素是另一个导致校园足球在学校体育中处于弱势生态位的生态因素。应该说，家长都是比较关注自己孩子的身体健康的。但在孩子成长的不同阶段，这种关注会不断发生变化。在孩子处于儿童阶段，家长最为关心的是孩子的身体健康。因此，大多数家长能够引导和帮助孩子进行体育锻炼，有条件的家长还帮助孩子选择一些体育兴趣课程，与孩子一起参加体育运动。但当孩子长大后，学业成绩就逐渐成为他们最为关心的问题。这时他们更关注孩子的文化课学习成绩。一般情况下，家长会在孩子学习成绩退步的时候和班主任积极沟通，探讨孩子学习成绩如何得到提升的问题，但基本上没有家长会在意孩子在学校没有进行身体活动1小时，而和班主任与学校进行沟通的；从时间分配上来看，假期通常被家长认为是学生补习文化课的黄金时期，而带孩子参加体育类培训班的家长却仅占其中很小的一部分；从经济投入上来看，家长为了文化课补习可以一掷千金，毫无吝啬，甚至可以投入与自己家庭收入不相对称的金额。但在体育类培训课程上却锱铢必较，常常为在体育课程培训上的投入而感到不值得。对于家长而言，究其实质是被裹挟着在一定程度上忽视学校体育，转而重视文化课的学习。家长也希望自己的孩子身心健康的成长，但苦于当前学校教育现状和来自学校、教师的压力，多是不得已为之。

（二）学校体育在学校教育中的生态位调整

在一些地区和一些学校教育中，学校体育处于弱势生态位，学校体育的价值和功能得不到充分发挥，对全面育人产生了不利影响。这需要各方面努力，对学校体育在学校教育中的生态位进行调整，以实现其功能的充分体现，实现学生的健康成长。

从管理者层面来看，国家在政策层面上给予了学校体育充分的肯定和支持，下一步的重点应放在政策的执行上面，通过各种措施实现国家体育政策在本地区和本校实现落地，只有这样学校体育的生态位才能在实践上得到提升。当前，一些地区和学校的管理者对政策的执行并没有拿出有效的方案和举措，这造成了学校层面执行不力。开展应试教育对学校来说具有强大的吸引力，学校很难自己主动走出传统应试教育的怪圈。这是因为学校担心在应试教育中处于不利的地位，从而导致学校在发展上受到阻力。对于管理者来说，一方面要通过政策与宣传以求改变应试教育的生态环境；另一方面是强化已有学校体育政策执行监督力度，对执行不力的地区和学校给予明确的处罚。学校有没有保证每天1小时的体育活动,这并不是一件难以监督的事情,只要下定决心去执行,一定会有办法。另外,还必须改变只有政策没有监督和后续手段的现状,只有这样才能使学校体育的生态位得到真实提升,进而发挥真正功能。

在研究者方面,在当前学校难以摆脱应试教育影响的前提下,从理论与实践两个层面入手,探索如何让学校体育和学校智育协同发展。在学校教育中智育和体育并不矛盾,其生态位也不是分离的,现实生态位的分离是人为造成的。教育研究是一项面向实践的研究。国家层面的政策只有与实践结合起来,才能实现政策的最终落地。因此,研究者如何在学校教育实践中找到政策落地的有效策略,以此回应政策要求,才能让更多的学校和教师知道如何去协调智育与体育的关系,让更多的学校和教师看到智育与体育协同发展的可能和效果,只有看到真正的效果,学校和教师才能主动去改变。

学校和教师也不能坐等其成,一直处于等的状态之中,而是应主动行动起来,寻找体育和智育等有效融通策略、规避发生矛盾和存在冲突的条件与路径,不断调整学校体育的实践生态位。当前体育教师和文化课教师之间基本上没有协同育人的交流,这本身就是需要调整的问题,需要双方都做出改变。体育教师和文化课教师首先需要改变传统的教学理念,从根本上认识体育和智育等的互利互惠性;其次体育教师和文化课教师要不断提高自己的教学效率,在教学方法等方面下大力气,实现教学精讲,提高学生的学习主体性,从而实现有效教学,而不是和其他教师竞争学生的学习时间和精力,要认识到其他学科的学习对自己所授学科的积极意义;最后是体育教师和文化课教师皆要提高自己的师德,把立德树人、全面育人放在教育教学的首位,放下狭隘的个人利益,真正实现教育教学以学生为本。体育教师和文化课教师皆应当努力提高自己的教学效率,而不是过度压榨学生的学习时间和精力,搞题海战术和过度训练的教师都需要从根本上进行改变。提升学校体育生态位,体育教师要起主导作用,要自己坚信运动能改变大脑、促进学习,并和文化课教师积极沟通,主动在体育课进行与文化课的融合教学,让学科体育的生态位和文化课的生态位适度重叠,从而更大限度地利用好教育资源,促进教育生态化可持续发展,让学生真正感受学习的快乐、得到身心的全面发展。

第二节 校园足球群体生态位

校园足球群体生态位是指校园足球各生态主体的群体形式在校园足球生态系统中，相关之间的特定的时间位置、空间位置和功能地位关系。在校园足球推进的过程中，校园足球各生态群体已经形成了现实生态位，然而各现实生态位之间还存在是否适宜和调整的问题。校园足球群体生态位的调整则可对校园足球生态系统产生一定的积极意义，让校园足球发展得更好。

一、校园足球管理者生态位

（一）校园足球管理者的现实生态位

校园足球管理者在校园足球生态系统中占据主导生态位。校园足球是由国家管理者提出和推动的，是国家管理者依据足球和学校体育发展面临的问题，做出的一种应对，没有国家的提倡和推动就没有校园足球的提出和发展。校园足球管理者是校园足球发展的主导者，在校园足球发展中占据了主导地位，决定了校园足球发展的宽度、高度和深度。在校园足球发展过程中，资源分配的权力掌握在管理者手中，他们决定了校园足球的资源分配的去向，决定了体育教师的时间和精力的使用去向，更在一定程度上决定了学生队员对于足球运动的认可程度。这是因为，管理者决定哪些区县成为校园足球试点区县，哪些学校成为校园足球特色学校，在哪里建立满天星训练营，往训练营派出哪些教练，一年举办多少国家级、省级、县市级和校级比赛，每年向校园足球投入多少经费，举办多少次和什么级别的体育教师培训，建设什么样数字足球教学与训练视频等。校园足球的顶层设计是由管理者组织开展的，校园足球的人才、物力和财力也是管理者调动的，校园足球相关政策、制度也需要管理者来制定和建立，所以，管理者在校园足球生态系统中具有比其他生态主体更高的生态位。

其他生态主体的生态位受到了校园足球管理者的影响和制约，校园足球中各生态主体处于什么样的地位，能发出什么样的声音，基本上决定权在管理者手中。以体育教师为例，体育教师的专业地位能不能得到尊重，专业能力能不能得到发挥，专业积极性能不能得到激发，专业发展能不能实现可持续，这些主要存在于所在学校的管理者手中。学校的管理者在如何发展本校校园足球上能够尊重教师的专业性意见，体现校园足球发展规划的专业性，就能够有效促进校园足球运动的发展；如果学校的管理者不尊重体育教师的专业意见，而是靠拍脑袋或不加改变的引进别校的经验，那么势必不能激发体育教师的积极性，体育教师本来应当发展的功能得不到实现，体育教师的生态位进一步萎缩。

从生态位伦理的角度看，处于生态位高位的生态主体应当肩负更大的责任，作出更多的贡献，即在其位，谋其职。这既是社会赋予生态主体的职责，又是生态主体的个人应尽之责。校园足球管理者应当在发展的过程中不断理清和调整自己的生态位，既不要太高也不要太低，保持一个适当的张力，给予其他生态主体充分地尊重，力争在发挥自己功能职责的基础上，让其他生态主体都能发挥各自功能职责。这是因为其他生态主体的智慧、能力和时间，对于校园足球发展来讲都是宝贵的资源，都需要得到有效引导和发挥。这样才能实现各生态主体协同推进、共同发展，从而使校园足球生态系统中的资源得到充分利用。

（二）校园足球管理者的生态位调整

校园足球管理者生态位调整的主体就是管理者，管理者要有根据社会经济发展的状况和校园足球发展状况不断调整自身生态位的意识。中国社会一直处于以较快的速度发展之中，学校的发展也是突飞猛进的。因此，需要校园足球管理者不断及时地进行调整，否则就会出现能力不足与思想观念和措施方法落后的问题。校园足球管理者生态位不应当一成不变，而应当是随着环境和自身发展不断变化的。当前校园足球管理者的生态位相对强势，这在校园足球发展的初期是有利的，随着校园足球的推进，要根据实践情况进行有针对性的强化或弱化，只有这样才能不断适应国家和社会发展的进步状态，适应校园足球发展的状态，在校园足球发展中始终实现勇立潮头的地位。否则，就会在逐渐落后于时代、落后于同行的过程中被淘汰。

校园足球管理者不能将自己局限在校园足球的顶层设计者的位置上，要和其他管理者协同作战，做好校园足球相关政策和方案的执行者、监督者。再好的方案没有强有力的执行者和监督者，也不会发挥应有作用，更不会达到相应目标。在校园足球相关政策积累到一定程度和顶层设计基本成型后，校园足球管理者应当强化自己执行者和监督者功能。作为执行者，就是看校园足球的政策和方案能不能实现不折不扣地实施；作为监督者，就是看校园足球的政策和方案是否在落实中出现了差错、改变了方向、打了折扣，是否需要根据实际情况及时调整等。

　　校园足球管理者要学会适当放权，具体来说，就是放权给教师、家长和学生。校园足球一旦运转起来，放权的时机就随时出现了。当然放权要掌握好时机和度，要相信自己和信任被管理者，因为只有受到信任、得到相应权利才能激发被管理者的积极性。这是因为放权的前提是信任，如果有了信任就会适当放权。有多大信任，就会放多大的权。如果缺少信任，就难以放权。管理者、教师、家长和学生之间，是否能形成、如何形成相互之间的良好信任，需要多方的共同努力。以给足球教师放权为例，当前无论是校园足球体育教师的培训，还是校园足球数字化资源建设，皆是管理者主导和少数专家组织，其中还有不少外国专家，这种做法在初始期有积极的意义，但若一直如此则不能充分发挥展基层足球教师的聪明才智。基层足球教师在长期的足球教学训练实践中其实已经创新了不少方法和手段，可以给予权力和经费，组建团体进行交流和协同提高。这种信任，就是对足球教师在权力使用和经费使用上的足够的信任。只有这样，才能激发足球教师投身体育事业的积极性，使他们将精力、时间等投入到足球运动中，充分发挥他们的聪明才智，为校园足球的建设和长远发展贡献力量。

二、校园足球教师生态位

（一）校园足球教师的现实生态位

　　校园足球教师在校园足球生态系统中占据重要生态位。校园足球教师在校园足球生态系统中所占据的时空最大，功能最重要，对校园足球发展起关键作用。

校园足球教师是校园足球的主要执行者,再好的校园足球政策和方案,没有有能力、愿意执行的足球教师,也是空中楼阁,不能得到有效落实。

校园足球是足球教师在组织足球教学、训练、竞赛与其他活动,其足球教学与训练水平是决定校园足球发展的主要因素。如果足球教学和训练水平不能提高,那么校园足球就很难和文化课课程协同发展,就会给校园足球的发展造成阻力。足球教师在足球教学与训练的效果影响上起最主要的作用,是他们决定足球教学与训练的目标和内容、方法和手段,是他们将自己对待足球情感、态度与价值观传递给学生,也只有他们才能将足球运动的乐趣带给学生。在校园足球发展的时空中处处皆有足球教师的身影。因此,如何为足球教师提供充分发挥他们潜力和积极性的舞台,在校园足球运动的发展中,具有举足轻重的作用。

足球教师在校园足球生态系统中的生态位本是最重要的,但却往往是最无力的。实践中,校园足球教师在执行校园足球政策和方案时会受到种种制约,而不能真正体现自身功能。有专家说,当前校园足球存在的问题是足球师资力量欠缺,足球教学理念落后,但在一定程度上来说,这对足球教师的认识有一种误解和曲解。足球教师基本上都是学校的体育教师,在中小学体育教师有多少时间钻研教学,有多少校长认为体育教师应当经常参加培训,又有多少校长愿意拿出经费来支持体育教师外出培训?足球教学与训练需要场地和时间的保障,场地和器材方面,很多体育教师经常申请,但经常申请不下来,而文化课教师占体育课可以想象背后有校长的默认。还有校内外校园足球竞赛,从已有调查来看,经常有校长拒绝了体育教师提出的比赛计划,不是校内竞赛为文化课学习或其他活动让路,就是外出比赛缺少经费。从总体上来看,一些学校缺少支持是校园足球在生态位上的现实情况,这是需要学校层面应该反思的问题。

足球教师在校园足球生态系统的生态位,相对家长和学生来说要强势一些,是校园足球具体事宜的主导者。当前校园足球教学、训练和竞赛的具体事务的决定权大都存在于教师,教什么和练什么、学多长时间和练多长时间、什么时间进行学练等都是由体育教师来安排。家长和学生虽然有时对如何学练和何时学练有一些自己的想法,但大多数时间得不到体育教师的回应,体育教师不自觉地将自己的生态位与家长和学生的生态位进行分离,有时太注重自己的专业权威。这是足球教师在与学生和家长进行沟通时需要注意的问题,也是足球教师需要反思的问题。

(二)校园足球教师的生态位调整

足球教师生态位的调整,首先需要管理者和文化课教师的支持与协助。足球教师生态位存在的一些问题,是校园足球管理者和文化课教师所具有的对学校体育或者说对校园足球的偏见和轻视所造成的,这种偏见和轻视的转变,既需要体育教师做好沟通的努力和做出成果的说明来双重推进,又需要校园足球管理者和文化课教师自身提高教育教学理论,深刻认识到发展学校体育和校园足球的意义,从而更为主动和积极地支持校园足球事业,不断推高校园足球和校园足球教师的实践地位。只有这样才能形成合力,共同促进学校的建设和发展,实现教师的共同发展和学生的健康成长。

校园足球教师生态位的调整更需要体育教师自身的积极探索和投入。校园足球教师的生态位拓展既需要借助外部生态主体助力,又需要从自身能力和意识提高出发。校园足球教师本身的能力水平将限制其生态位,校园足球教师的能力得到提高,校园足球的发展成果就更为丰富,就能越来越得到外部主体的认可,就能占据更高更宽的生态位。所以,校园足球教师应当在提高专业水平上下功夫,不断提高自己的教学和训练水平,提高足球育人的质量,才能不断提升自己的生态位。此外,校园足球教师还应当提高沟通意识和沟通能力,打通校园足球和其他校园运动项目之间,校园足球和其他"四育"之间,尤其是校园足球和智育之间的分离状态,提高协同发展的能力,使校园足球育人功能,拓展到全面育人的层面,从而使生态位进一步拓展。在学校内部,足球教师的生态位拓展既在于体育教师自身的专业能力和专业成就,又在于体育教师与其他学科教师的互动与沟通之中。这是一个长期的、不断努力的过程。

校园足球教师生态位的调整要校园足球教师正确认识自己的专业权威,接受家长和学生意见,与家长和学生的生态位进行适度重叠。校园足球教师虽然在校园足球教学与训练上有专业权威,但是不能过度使用权威,不能将自己的目标强加在学生和家长身上。校园足球是以学生的发展为目标,学生与家长是校园足球发展的承受者,校园足球发展好坏与学生和家长的切身利益休戚相关,因此学生和家长的想法必须得到尊重。不是所有参加校园足球训练的学生都想取得更高的成绩，也不是所有参加校园足球训练的学生想影响学习，更不是所有学生想每天都参与足球训练。校园足球教师应当和学生与家长做好沟通，充分尊重学生和家长的参与校园足球的目标，不将自己在教学和训练上的专业权威，拓展到学生参与校园足球的目标上，要将自己的生态位与学生和家长的生态位通过沟通和协商紧密结合在一起。足球教师只有认识到学生和家长在校园足球发展中的地位和价值，才能真正实现校园足球的发展。

三、校园足球家长生态位

（一）校园足球家长的现实生态位

校园足球家长本是校园足球发展的利益攸关者。他们作为学生的家长，在一定程度上决定着学生参与校园足球的态度、情感和行为。尤其是学生年龄越小，家长的决定性就越能起到主导作用。他们和学生一样，是校园足球发展的主体。因此，在校园足球的发展中，应受到足够的重视。但在实践中，在校园足球生态系统的生态位却处于比较尴尬的境地。校园足球家长在校园足球政策制定上处于失语状态。无论是国家层面的校园足球政策还是学校层面的校园足球发展方案，家长的身影和声音似乎被忽略了，政策制定者缺少和家长主动沟通的意识，而家长想要沟通但缺少渠道。国家和学校都是从大的层面去考虑校园足球发展的目标，但家长从小处着眼的目标和诉求也应当给予考虑。只有这样校园足球政策和方案才能得到家长的真正支持，而家长的支持则是校园足球长久可持续发展的必不可少要素。所以，在政策和方案制定方面，应当给家长适当的地位，发挥应有的功能。

在校园足球运动中，家长在学生的足球教学与训练安排上处于失语状态。校园足球的教学、训练和竞赛是校园足球教师的专职工作，但并不应当完全摒弃家长的发声和作用。国外已有这样的案例，家长在节假日担任校园足球的教练工作，家长到学校观看校园足球竞赛工作等。这种有益的经验应该得到借鉴，进一步为我国校园足球发展起到推进作用。我国的学校教育整体上家长参与程度一般，没有形成有效的家校协同教育。学校应当做出一些改变，尤其是在校园足球中，因为有一部分家长是喜欢足球和具有一定技能的，并且能担当足球业余教练，而家长的参与会进一步促进学生的积极性，也是对家长资源的一种有效利用。

在一定程度上，校园足球家长在学生的足球竞赛上处于失语状态。很多学校的校园足球比赛是没有学生家长参与，家长既不到赛场观赛，更没有机会参与到赛事策划方面。调查发现，无论是高水平的校外足球竞赛，还是普通学生为主的校园内足球竞赛，都有部分家长表达了积极参与的愿望，他们想到赛场观看自己孩子的表现，想在赛事策划或活动组织方面尽自己一份力，想参与到孩子的成长过程中去。但学校和足球教师却并没有意识到这一点，或者说意识到这一点，但因各种原因并没有充分利用家长这一资源来提升校园足球竞赛的想法。这应当和我国学校教育的传统有关。在我国学校教育中，家长将学生送到学校后，就由学校进行管理。一般情况下，家长不再参与学校对学生的管理。但随着社会的发展进步，这种情况应该得到改善。在校园足球发展的过程中，学校应该通过家长学校等方式，引导家长参与到校园足球的发展过程中，共同促进校园足球的发展。

（二）校园足球家长生态位的调整

校园足球家长生态位的调整需要管理者的支持。首先，在政策和舆论上，需要对校园足球家长参与校园足球工作给予鼓励和推动。管理者首先要信任家长，相信家长有意愿有能力参与校园足球工作，相信有家长的加入会提升校园足球发展步伐。其次，在相信的基础上，管理者应当考虑家长尝试参与校园足球工作的路径和方法，制定相关政策，让校园足球家长的参与有法可依、有章可循。最后，除了政策上的支持，管理者还在利用手中的资源在舆论上造势，让校园足球的生态环境成为支持家长参与的生态环境，让家长参与校园足球工作成为社会的共识，为校园足球家长参与校园足球工作扫清政策和舆论障碍。

校园足球家长生态位的调整需要学校的支持，为家长参与校园足球工作打通渠道和保障。家长参与校园足球具体工作，不是仅凭意愿和学校的同意就可以，如果没有充分的考虑和安排，很容易好心办坏事，这也是学校没有积极推动家长参与校园足球的原因之一。家长参与校园足球最重要的是明确责权关系，让家长在安全放心的基础上投入到校园足球的实践工作中。学校的足球教师本就不多，大多学校的足球教师带校足球队训练就已经忙不过来，班级足球队基本上处于没有训练的状态，这样的情况下学校可以给有意愿和有能力的家长参与班级足球队训练的机会，但前提是有一套制度和规范来保障学生的安全，学生的安全得到了保障，家长才能放心地参与到班级足球队的训练中，也才能促使班级足球队训练水平的提高，进而增加学校足球竞赛的精彩程度，为校足球队提供更多的后备人才，参与的家长也能和自己的孩子留下更美好的回忆，才能对学校有更深入的认同感，从而促进学校的持续发展。比如，可以通过组建校园足球家长委员会等方式，在校园足球的政策制定上、发展规划上、学生训练和竞赛上、校园足球课程安排与文化课安排的调整上，等等，积极向家长宣传，引导家长参与，为校园足球的发展献计献策，从而形成校园足球主体建设的合力，共同为学校的发展、校园足球的发展，以及学生的健康成长、未来前途等努力奋斗。

校园足球家长生态位的调整更需要家长自身主动积极一些，为自己和孩子更优秀更快乐负责。校园足球的一个目标是让学生享受参与足球运动的乐趣，足球运动的乐趣在足球课能享受到，但更多的是在足球训练和足球竞赛中体验。当学校没有能力或者没有意愿为孩子提供较多的参与足球训练和竞赛的机会时，家长应当站出来积极发声并承担责任。但长期以来，家长在学校教育教学工作上处于被忽视地位，家长已经产生不了想法去和学校沟通教育教学问题。在外界环境没有改变的前提下，或者外界环境正在改变的前提下，校园足球家长必须站出来，力争有所改变。只有这样才能在一定程度上改变校园足球的现状，为校园足球的未来发展提供更广阔的空间。

四、校园足球学生生态位

（一）校园足球学生的现实生态位

学生参与校园足球的建设与发展，是校园足球运动的主体。如果校园足球发展不好，学生在一定程度上就会失去更好的成长机会与可能；如果校园足球发展好了，学生就会获得更多的成长机会与可能，从而拥有一个美好的未来。所以，学生是校园足球里面最重要的生态主体，但其生态位却还没有占据较高位置，地位也常被忽略。无论是管理者制定的校园足球政策和方案，还是学校具体的校园足球教学、训练和竞赛，学生的意愿和想法并没有受到充分的重视。成年人往往从自己的意愿和想法出发，去安排孩子的行动。在校园足球运动中，这一点的表现尤为突出。学生喜欢体育运动却并不喜欢体育课，这是我国学校体育教育一直存在的问题，在校园足球的教学、训练和竞赛中，这一情况得到了改善，但并没有发生彻底的改变。如果希望学生喜欢体育课，喜欢足球课，就需要从如何激发学生的体育兴趣、足球训练兴趣等角度出发，切实体现学生学习的主体性，充分尊重他们在运动中的主体地位，比如邀请学生作为校园足球规划和发展的参与制定者，校园足球训练计划制订的参与者等。在校园足球运动的各项活动中，都充分听取他们的意见，认真思考他们的建议，体现他们的主体性地位。只有这样才能将学生放在校园足球运动的主体地位上，知道他们在校园足球中想获得什么，而不是更多地考虑成年人想在校园足球中获得什么。

对于大多数学生来说，他们对学习足球有很高的热情，这一点在年级越小的学生中表现得越明显。但随着他们的年级升高，他们对足球的热情越来越小，甚至有学生的热情被彻底浇灭。其实学生在参与足球运动上本不用如何激励，不像文化课学习那样，大多学生需要激励，足球只需要给他们充分的参与机会和适当的引领即可，这本是学生内心和身体的自然需要。但这样的自然需要却被应试教育和功利教育压制，因为这样的需要并不能给成人带来明显的利益。当前校园足球也受到了功利教育的影响，学校的足球队成绩好，国家的青少年足球成绩好，似乎就代表了校园足球搞得好，校园足球就有了成绩。但实践中，有多少学生能走到校队层面和国家队层面，能参与班级足球队，参加学校的比赛已经是很多学生的最高目标了。可学校的比赛说停就停，一点也得不到保障，一点也不考虑学生本已经准备好参赛的美好心情变为失落所给其带来的伤害。再就是我们的校园足球教学，在发挥学生主体性上也存在一些问题，教学上经常应用一些看上去很专业、很高大上的教学方法，而不考虑学生授受程度和喜欢程度，大部分学生喜欢足球，是因为足球比赛能带给他们的乐趣，体育课上只要能学到安全参加足球运动的知识和技能就满足了，他们并不想学多么高深的足球技能，但这种普遍的想法并没有得到重视。

（二）校园足球学生生态位调整

校园足球学生生态位的调整，需要学校转变功利化的思想，从学生的真正需要出发。校园足球的第一目标应当是促进学生健康成长，只要能促进学生健康成长的需要，都应当在条件允许的情况下得到满足。学校不应将功利教育的期望放到校园足球中去，应给校园足球适当宽松的发展环境，不能将校园足球当成自己的政绩工程来搞。如果将校园足球作为政绩工程的一部分，以功利主义思想进行规划和发展，就必将导致学生对校园足球运动从热爱到失去兴趣，失去了参与校园足球运动的初心。校园足球是学生在枯燥的文化课中的一种有效调节，是一种放松和激活的手段。对于大部分学生来说，整齐划一的足球操并非学生所喜爱的，更不能作为校园足球开展好的有力证据。学校在发展校园足球上一定要充分尊重学生，满足学生学会、常练、常赛的愿望。只有这样才能促进校园足球运动的健康发展和学生身心健康的成长。

校园足球学生生态位的调整，需要体育教师建立全新的教育理念，真正做到以人为本。校园足球的发展，并没有进入普遍意义上的高考科目之中，正是因为没有进入高考科目之中，反而给校园足球教学、训练与竞赛更宽松的生态环境，更可能达到以人为本的教育境界。体育教师要从以人为本出发，从大多数学生的真正需要出发，从促进学生身心健康出发，真正重视学生的主体地位，充分把握和激发学生的学习兴趣，从而促进学生健康快乐地成长。

第三节　校园足球个体生态位

校园足球个体生态位是指校园足球各生态主体的个体形式在校园足球生态系统中，相关之间的特定的时间位置、空间位置和功能地位关系。校园足球的个体生态位面对的不是物种之间，或不同群体之间的竞争合作问题，而是校园足球同一群体之间、不同的个体之间的生态位选择和竞争问题。个体能不能认清自己，找准自己在校园足球生态系统中的生态位，既事关个体的发展，又影响整个校园足球生态系统的发展。因此，有必要对这个问题进行深入探讨。

自然界的发展历程表明，一个生态系统中的生态位越丰富，生态系统的稳定性与抗压性就越高，也越能促进生态系统的动态平衡发展，使生态系统中各个组成部分更好协调，更好地利用资源，形成更为丰富的功能。从这个角度考量，在校园足球运动发展中，应引导个体从生态环境出发，形成独特的生态位，避免在单一的生态位上竞争，从而形成丰富的生态位，保持好个体的多样性，以便更好地利用资源，形成良好的竞争态势。

一、校园足球学校个体生态位与多样化发展

（一）校园足球学校个体生态位的重叠现象

在校园足球推进过程中，已经存在着较为严重的生态位重叠现象。调查中发现，在一些地方的同一个地区，存在着较为严重的"同质化"现象。这种"同质化"具体表现在以下3个方面：一是基本上所有的校园足球学校都有基本相同的校园足球发展计划；二是都有基本相差不大的校园足球发展目标；三是都有基本雷同的保障措施。同时大家都要加强教练员队伍的建设，扩大教练员队伍，都要在地区校园足球比赛中力争取得好成绩，甚至都喊出争前三的口号。这些学校在发展的过程中在一定程度上忽略了学校自身的基本校情、学情等要素，基本不考虑本校校园足球的发展基础，不考虑本校在地区所处的地位，不考虑是否能吸引更为

优秀的足球教练员和更多优秀足球学苗，而是跟风提出建设目标和方向。这种发展是漠视"异质化"的发展。所谓的"异质化"，就是不同主体根据各自的发展情况，选择符合其自身发展道路的方式，实现符合自身利益和自我道路的发展，从而最终实现"各美其美，美美与共"的生态系统。否则，漠视"异质化"的发展，导致的是一个地区，十几所甚至几十所学校都要在校园足球队成绩上竞争前三，那么必然会产生很多达不到目标的学校。这些达不到目标的学校，很多是在校园足球队竞争上对自己学校生态环境没有清醒的认识，也没有选准生态位。

校园足球在我国的推进已经有一段时间，不再是蓝海领域，已经有学校或因学校本身在各方面的强劲实力；或因具有先发优势而在校园足球队员选拔上具有一定优势；或在教学、训练和竞赛上占有一定的积累优势；或在校园足球教师队伍上占有一定优势；或在校园足球发展规划和生态环境上占有一定优势，从而占据了优势生态位，甚至有的学校已经在一个地区内成为不可撼动的竞赛巨头。在一个地区内校园足球的资源是有限的，这些有限的资源会向占据优势生态位的学校聚焦。这样优势生态位学校会就吸引更多的关注，更多的资金支持，更多的人力支持，从而不断强化自己的竞争优势，进一步巩固自己的生态位。这样就形成了这些足球学校的良性发展趋势，从而占据优势地位实现强大的发展后力。而在校园足球竞赛生态位上处于相对弱势地位的学校来说，应当探索新的领域，寻找新的生态位。比如，做本地区中校园足球队中践行体智双优最好的学校，做本地区中校园足球队思政建设最好的学校，做本地区中校园足球队训练用时最少的学校，做本地区唯一训练时间由学生决定的学校等。这样的差异化竞争可以给校园足球带来更为广阔的发展空间。

校园足球学校个体生态位的重叠，源于学校教育中学校个体生态位重叠。这种情况导致在学校发展上，千校一面的问题就是不可避免的了。

校园足球学校个体生态位的重叠现象，会对校园足球的发展造成不利影响，会导致部分学校校园足球发展的动力不足。如果大家选择在同一个频道上竞争，那么就会有许多失败的学校和失败的足球教练、足球运动员，会有些学校消极对待这种竞争。而找到每所学校独特的生态位，会让更多的学校体会到成功，和自己努力的意义，也会给学生更多的选择，会促进更多的学生投入到校园足球中去。

(二)校园足球学校个体生态位的多样化

校园足球个体学校不应当是一个模子刻出来的,应当像大自然中的生态一样是多种多样的。只有多种类型的校园足球学校个体,才能让各种各样的学生找到更为匹配的学校,让学生更为理想地成长,使更多学生成长为优秀的人才。实践中有学生想在不影响学习的情况下进行校园足球训练、但在当地却难以找到合适的学校,这就像学生想找到一个不进行应试教育的学校一样难,并不是所有的学生适合应试教育,也不是所有的学生足球运动员适合过度训练。所以,多样化的校园足球个体能为学生提供更多的选择,才能吸引和留住更多的学生足球运动员,从而促进校园足球生态系统的稳定发展。如果这种现象得不到重视,这个问题得不到彻底地解决,那么就必定会为校园足球发展带来危害,为学生的健康成长和长远发展带来损失,为校园足球生态的良好发展和规律性建设设置障碍,为我国足球运动的未来前途带来不可低估的负面影响。

校园足球的个体生态位多样化发展需要管理者的推动和放权。校园足球学校个体生态位的多样性发展,需要管理者在顶级进行设计,也就是从学校自身的条件、优势和不足出发,厘清校园足球建设的问题与边界,从而为校园足球运动的个性化发展打下基础,而在政策方面,需要各级部门为校园足球学校个体的多样化发展提供支持。尤其是在校园足球特色学校的认定和评价上,更要掌握统一和灵活的度,让学校放心去创新,去走适合自己生态环境的道路,要让校园足球特色学校更多地变成真正有特色的校园足球学校。

校园足球的个体生态位多样化发展需要将学校的视野拓展,不能只将眼光放在本地区,要学习一下其他地区以及国外的有益经验。这是因为,如果仅仅着眼于本校的校园足球发展,长此以往就会产生坐井观天的狭隘,如果校园足球运动发展得不理想,就会愈发在发展上呈现下坡路的情况;或是校园足球发展得非常理想,则易于滋生骄傲自大的情绪,从而阻碍进一步的发展和进步。学习其他地区的有益经验,一是可以通过进行地区间和校际的交流互动,定时或不定时地进行训练和比赛,以增加彼此之间的了解,面对面地进行交流和互动,从而实现协同发展;二是进行网络互动,在信息发达的社会,了解和学习校园足球发展的情况,可以通过网络进行视频等各种互动,不论是地区内的校园足球发展,还是地区外的校园足球学校个案都可以较为便利地找到，国外的校园足球发展个案获取难度也不是很大，这些可以为学校找到自己的独特生态位提供借鉴。

校园足球的个体生态位多样化发展更需要学校将视野聚焦于学校内部，正确认识自己学校的校园足球生态环境。首先需要明确自己的优势和不足，比如自己学校所处的是农村还是城市，教学实力是强还是弱，地区的足球氛围是好还是坏，家长是支持还是不支持，愿意投入还是不愿意投入，投入到什么程度，当地和学校的足球场地设施如何等都是要考虑清楚的问题。其次要做好顶层设计，在深刻认识自己学校的校园足球生态环境上，要明确以校园足球教学为主还是以校园足球竞赛为主，是以发展校内竞赛为主，还是注重校外竞赛，是以体智双优为出发点，还是在以体促学为主等校园足球具体事务，从而形成自己独特的生态位，在校园足球生态系统中生机勃勃地发展。最后，要在选人用人和管理制度上下功夫。校园足球发展，从根本上而言，比拼的是人才。无论是教练员，还是足球队员，都要有对足球的兴趣、敬业精神和专业素养等，才能促进校园足球的健康发展。同时，队伍建设还要依靠公平、高效的管理制度加以保证。只有建立起公平、高效的管理制度，才能从根本上激发教练员和足球队员的内在潜力以及他们的足球兴趣，才能充分发挥他们在校园足球发展中的主体性，从而使校园足球发展得更好、更快。

二、校园足球学生个体生态位与多样化发展

（一）校园足球学生个体生态位单一现象

校园足球学生个体生态位单一，指的是无论是校园足球的教学、训练、竞赛和其他活动，学生个体大多处于基本的生态位，在同一个层面生存和竞争。在校园足球教学中，大多体育教师仍没有将学生真正放在主体地位，没有以学生为中心，学生在教学中没有选择权，无论男生还是女生，无论兴趣高低，无论身体素质和足球运动基础如何，皆用同一种方法学习同一教学内容。在校园足球训练中，学生更是没有选择权，不能自主选择训练时间和时长，不能自主选择训练内容，都在教师的统一安排下进行训练。在校园足球竞赛中，也是在同样的竞赛模式下

进行，少有根据不同的学生个体有针对性地变式校园足球竞赛，竞赛的目的只剩下争胜。

校园足球学生个体生态位的单一在校园足球运动员身上表现最为明显。功利化的教育很容易产生功利化的校园足球，当学校教育中千军万马挤高考这一独木桥时，校园足球运动员也都在学校和教师的双重裹挟下，为了当专业运动员或为了在升学中占得先机而努力。现实中，无论是从家长角度还是从学生角度，有部分孩子参加足球运动仅仅是因为喜欢足球运动，喜欢参加训练和比赛，喜欢体验足球运动的乐趣，或者仅仅为了锻炼身体，在繁忙的学习中通过足球获得片刻的放松而已。但这些现实的需要，基本上全被学校和足球教练所忽略，因为对于这样的需要，学校和足球教练看不到直接的益处。

校园足球学生运动员生态位的单一实则是对校园足球的伤害。在当前校园足球实践中，校园足球学生生态位的单一现象应当是小学高年级开始，小学低年级还是部分学生运动员处于不同的竞争态势中，有的是在竞争竞赛成绩，有的是在努力获得体智双优，有的是在锻炼身体，有的是为了享受乐趣，甚至还有的是家长为了将孩子从电脑游戏中拉出来而送孩子参与校园足球训练和竞赛。随着年级的升高，这种情况开始发生的变化。到小升初后，校园足球运动员中基本上只剩下了一种，即为了当专业运动员，或者为了在升学中占得先机的学生。这种单一的生态位，无疑使参与校园足球训练和竞赛的学生大幅减少，人员的减少可能就造成选材面的狭窄。在流失的学生运动员中，不少的有足球天赋的。他们因只有一种生态位，而且这种生态位竞争中一旦不能胜出，则将造成比较严重的人才流失。如果有更多的生态位，尤其是有体智双优的生态位，那么参与的学生就会更多一些，而体智双优的生态位却反而可能产生真正的足球后备人才。所以，校园足球个体生态位的单一并不利于校园足球的发展。

（二）学生个体生态位多样化

校园足球的发展应当给学生个体提供不同的生态位，让学生在不同的生态位上发展，形成功能丰富的校园足球生态位结构，学生只有在适合自己的生态位上发展才能获得茁壮成长。

在校园足球教学上,应当对学生实施个别化教学,让不同的学生皆处于相宜的生态位,校园足球的学习和文化课的学习不一样,并不一定都要搞应试教育,都要教源于竞技体育的足球基本技术和战术,更重要的是让学生通过主动参与足球活动获得成长。学生是千差万别的,并不是所有学生学习足球都是为了学习规范的动作,学生有好多就是单纯地想娱乐放松一下,而不在乎技术动作是否规范,对于这样的学生,就要尊重他们的选择,这样反而能保护他们的足球学习兴趣,让他们能以自己喜欢的方式在校园足球教学中找到位置。

在校园足球训练上,应当为不同的学生提供不同的训练模式。现在校园足球提供的足球训练都是按照学生向专业运动员方向发展,似乎成功的道路只有成为专业运动员或者在升学中有利于价值,这一点必须改变。校园足球训练不仅可以培养足球运动员,更可以培养社会的建设者和接班人,这是因为它具有丰富的功能,它可以带来欢愉,带来团队协作,带来努力拼搏。所以,无论是学校还是足球教练皆应当设置多样化的训练目标,可以让学生自己决定训练目标,包括是成长为专业运动员还是仅仅为了体验乐趣,是天天参加训练还是一周训练三次。这样的训练开拓了更多生态位的训练,会吸引更多的学生参与,当然这种理念认为可以让学生家长参与训练,以弥补教师数量不足。

在校园足球竞赛上,应当为不同学生提供不同的竞赛模式,让学生在竞赛活动中找到不同的身份认同。竞赛不仅是培养学生运动员,还可以培养学生裁判员、学生啦啦队、学生球迷。不仅可以是正规规则下的比赛,也可是变式规则的比赛。不仅是竞争的场所,更是发展个性、展现特长的场所。竞赛的多样性才能给各有所求的学生带来参与的机会和表演的舞台,让学生在不同的竞赛生态位竞争,让竞赛资源得到更为充分的利用。

从教学理论的发展来看,因材施教对学生的发展是非常重要的,对校园足球运动更是如此。对不同的学生,给予不同的训练方式和方法,才能使他们能够从自己的兴趣和不足出发,才能使他们不断发现自己在足球运动中的问题和差距,激发他们不断超越自我的求知欲,从而实现自我发展的可能性。因此,校园足球的发展要允许学生的多样性发展,更要创造条件利于学生的多样化发展,只有学生的多样化发展,才有校园足球的可持续发展。

第六章　校园足球生态体系构建及其发展的基本原则

生态学是可持续发展的理论基础和主要依据。生态学对自然环境规划、保护、治理和科学调控与开发的实践与理论专业学科，生态学还以丰富的内涵、博大精深的科学理论体系和极其丰富思想内涵成为可持续发展坚实的理论基础。同样，体育生态系统也是在生态学的理论基础上构建而成的。运用生态学理论研究体育问题给体育研究提供了新的视角，具有前瞻性、广泛性，是自然科学和人文科学在体育事业上的完美结合。研究学校体育和校园足球生态系统在体育生态系统中与其他子生态系统相互影响和作用后，我们不难看到学校体育生态系统自身同样面临着诸多影响可持续发展的问题。学校体育改革的最终目的是为了学校体育的可持续发展，只有学校体育生态系统的可持续发展，才能够发挥体育的本质功能和实现终身体育的目的。要实现学校体育生态系统自身的可持续发展，首要的任务在于确立正确的体育生态意识，其次才是采取各种具体的可持续发展策略。体育生态意识是指对体育生态系统自身生存与发展的总体认识，是对体育生态系统生存与发展的危机意识。

第一节　校园足球生态系统结构研究

校园足球生态系统是由多个生态子系统组成。主要包括：第一，管理者、教师、教师教练员、后勤保障人员和学生组成的生态子系统；第二，足球教学、足球课外活动和足球队生态子系统；第三，物质与资金保障生态子系统；第四，政策信息管理子系统。

一、管理者、教师、教师教练员、后勤保障人员和学生组成的生态子系统

这个子系统是由人组成的，管理者主要是指学校校级领导和学校中层干部，负责学校体育的政策与落实及督导检查。教师是指班主任和各科教师，主要是班主任教师要负责组织课外体育活动、各类运动会、各类单项体育竞争、学校的体育节及学生运动员的文化课学习教学工作。各科教师负责学生运动员的文化课教学工作。教师教练员主要职责有两方面，一是要进行正常体育课教学；二是负责学校运动队的训练与竞赛，争取好的成绩和培养体育的后备人才。后勤保障人员主要负责运动场馆运动器材的维护与维修及各后勤的供应与保障工作。学生包括两部分：一是普通学生，要积极参与体育课教学、课内外体育活动和学校的相关体育竞赛；二是学生运动员，这部分学生要参与普通学生的各类体育活动的同时还要参加课余体育训练与竞赛，争取各级比赛的好成绩，为学校争得荣誉，带动和促进学校体育活动的开展。

二、足球教学、足球课外活动和足球队生态子系统

在学校体育的生态子系统方面存在的主要问题有以下几个方面：第一是学校的部分领导人体育意识比较薄弱，对学校体育不重视或重视不够，多年来学生的身体素质下降，学生运动员文化课有待提高，学习与训练矛盾突出。教师部分的主要问题是班主任与教师教练员沟通机制不完善，教练员体育专业水平需要提高；

第二是学校内体育运动项目的子系统，这个子系统包括奥运会的运动项目，民族传统体育运动项目，民间体育运动项目。在学校体育内根据本地区本学校的地域气候，学校的体育师资情况、场地器材和本校的体育传统文化等情况有选择地开展体育课教学、课外体育活动和运动队训练与竞争。

校园足球生态教育体系是学校体育生态教育体系的重要组成部分。校园足球生态教育体系，首先是足球生态理论体系的构建，选择适合足球运动发展规则生态学相关思想理念、原理、方法、手段等来指导、补充和修改足球运动教材体系；其次是用生态学理论指足球技术与战术的教育体系的补充和完善；最后是用生态学相关理论指导校园足球发展的整体规划和发展战略，其中包括学校足球项目与其他运动项目的关系，足球运动的普及与提高的关系，学校的足球教学、课外足球活动、足球训练和足球竞赛的关系等。

三、学校体育物质与资金保障子系统

从学校体育的角度来讲，体育的物质与资金是相互联系，相互促进的。学校的物质主要是指场地器材、运动服装、饮食营养等，这些都需要资金的保障。而学校体育的资金主要依靠财政经费，还有部分社会企业的赞助以及学生家长的资助等。存在的主要问题是部分学校体育的场馆人均面积较少和部分体育经费不能满足正常的需要。校园足球物资与资金管理的生态子系统主要包括资金的投入和使用、场地器材和运动服装等。这些资金和物质主要是用在场地器材和学校足球队上较多，而用在足球教学和课外足球活动较少。近年来，国家和教育部门对校园足球高度重视，出台了一系列相关的政策来促进校园足球的开展。获批校园足球特色学校政府和学校都有专项资金投入。这些专项资金大部分都用在学校足球运动队的建设和发展。但校园足球特色学校的建设中也存在一定的问题，主要是个别学校重申请，轻建设，获批校园足球特色学校后不重视，尤其是在资金和物质投入不足，影响校园特色的总体发展和建设。

四、学校体育的政策信息管理子系统

新中国成立以来，政府高度重视学校体育工作，构建了新中国学校体育的理

论与实践体系。经过改革开放以后，随着中国社会经济的不断发展，中国学校的体育也在不断地改革和创新。

近年来，各省将体育纳入中考的必考科目，极大地提高了体育学科在初中的地位和作用。这一政策促进了学校领导、教师、学生和家长对学校体育和学生体育运动的高度重视。使体育学科在初中得到了高度重视。与此同时，为了促进校园足球的开展，国家近年来出台了一系列的相关政策，极大地促进了校园足球的开展和提高，所以，好的政策对学校体育至关重要。政策信息保障子系统主要问题是，对于学校体育的政策执行力不够，一些好的学校体育政策得不到贯彻和落实，由于受到应试教育的影响，学校和家长重视文化课学习和考试成绩，而体育学科不被重视，甚至有些学校的相关体育活动被取消。

学校的体育文化传承与传播也是体育信息的重要体现。在学校内通过校园内和教室内的墙报、板报、多媒体、广播等形式进行体育宣传是信息转换成物质能量与动力的重要手段和措施，学校内对体育的宣传有多种层面，包括对奥运会、世界杯等重大国际赛事冠军运动员进行大力宣传，宣传克服困难、勇于拼搏、为国争光的精神，以激励广大学生爱国主义思想，同时也促进和激发广大学生参与体育运动的动机，提高学生参与体育运动的兴趣，尤其是促进了极少数不喜欢和不参与体育运动的学生开始关注体育，进而参与体育运动，甚至喜欢体育运动。这是学生体育意识与思想提高以及体育行为主动性的改善，而不需要用教育的强制性去逼迫学生参与体育运动。宣传的内容也可以宣传体育与健康的相关知识，这些体育与健康知识要与学龄段相符合，使学生看得明白，能够理解与运用，为学生终身体育打下良好的基础。

教师的体育行为也是信息转化管理的重要途径。教师对学生的影响力是独特的，也是无法取代的，而平时教师对学生的教育主要体现在言教方面，教师的身教是无形的和无意识的。教师的体育行为对学生的影响是重要而深远的，是潜移默化的。教师体育行为对学生体育的影响是在师生双方无意识的情况下进行的，这也从体育角度印证了"身教重于言教"的道理。因此，教师尤其是班主任教师要积极主动地参与学校各类体育活动，在学校内长期坚持体育锻炼，养成良好的习惯，更要积极主动地参与学生的体育活动，带动学生和影响学生参加体育活动的积极性和自觉性。家庭体育教育也是同样道理。家庭体育教育的特殊性主要体现在学生从小到中学毕业都受家庭体育的影响。由于儿童时期的无意识模仿能力比较强,从儿童出生到中学毕业都伴随着家庭体育环境的影响,长时间隐性教育和家庭长辈无意识的体育行为或多或少地影响着少年儿童的体育锻炼的意识和行为。

第二节 校园足球生态系统构建

生态学对自然环境的理论指导和实践应用具有重要作用和深远意义。体育生态学是近年来将生态学应用到体育领域的。但是，体育生态学还不是成熟学科，还需要进一步丰富和完善。由于体育生态学还处于雏形阶段，理论结构尚需改进、完善和确定，实际应用还需要努力。因此，需要科学的构建体育生态体系，构建新体系需要从生态学中选择适合体育和学校体育领域的理论、规律、原则、方法等，构建适合体育和学校体育的体育生态体系。由于构建体育生态体系涉及的内容众多，以下主要从体育生态教育体系和体育优化体系两个方面进行研究。

一、校园足球生态教育体系

构建科学体育生态体系生态教育体系是基础，生态是对从事体育与学校体育相关人员的终身教育，用生态学的思想、意识、思维，方法和途径教育和培养从事体育与学校体育的相关工作者。虽然现有体育培养模式比较完整和规范，但是随着生态学应用到体育相关领域中来，还应该增加生态学相关理论与知识的教育体系措施，这是构建体育生态学的重要组成部分和关键环节。

新中国成立以来，体育教育培训体系已经比较完备，党和政府高度重视体育教师的职前与职后培训。应该说，这些职前和职后培训体系是比较科学与合理的，满足了我国学校体育的需要。改革开放以来，体育教师的职前职后培训也在改革与创新。党的十八大以来中国特色社会主义进入新时代，面对新时代，我国体育教育培训也需要改革与创新，以适应代社会发展变化的需求。职前体育教育主要是指高等体育教育；职后体育教育主要是指对各类学校与体育有关的管理者和体育教师的教育。用生态学理论研究学校体育正是适应社会的发展趋势，在高等体育院校引入生态学或体育生态学有两条途径：一是增加体育生态学课程，将体育生态学作为必修课程或选修课；二是在体育管理学或学校体育学课程中增加体育生态学的内容,将体育生态学的主要理论、方法、途径等加入上述两门课程中,用生态学的理论去指导学校体育的理论和实践,这就提升了学校体育的高度和视野,使学校体育理论和实践更加科学,更加适应新时代学校体育发展的需求。另外,这样还提高了高等体育院校学生的理念、思维和方法,使体育专业的学生毕业后在工作中用系统的思维和科学专业素养去进行体育教学和体育管理工作,从而会更好地促进学校体育的开展。职后培训方式主要有长期进修(一般指一年以上)、短期培训和体育教研室(部)业务学习或集体备课等形式。在高等体育院校进修的教师一般随着进修院校的教学计划进行学习,如果进修学习的内容包含生态学部分是最理想了,如果没有生态学部分也可通过进修自学并结合实际工作进行科研工作。短期培训和业务培训应该有意识地增加有关体育生态学内容,并且理论联系实际解决本地区本学校体育存在的问题。如果缺乏相关体育生态学方面的专家和学者,可以采外聘方式对培训进行讲学或指导本校的体育改革与设计。总之,进修和各种培训是学习和运用体育生态学的最佳途径,也是促进和提高体育生态学理论与实践的最好方式。

校园足球生态教育体系是学校体育生态教育体系的重要组成部分。校园足球生态教育体系构建途径主要包括以下方面:一是足球生态理论体系的构建,选择适合足球运动发展规则生态学相关思想理念、原理、方法、手段等来指导、补充和修改足球运动教材体系;二是用生态学理论指导足球技术与战术的教育体系的补充和完善;三是用生态学相关理论指导校园足球发展的整体规划和发展战略,其中包括学校足球项目与其他运动项目的关系,足球运动的普及与提高的关系,学校的足球教学、课外足球活动、足球训练和足球竞赛的关系等。

二、校园足球生态优化体系

优化理论是现代社会发展过程中广泛应用的理论。科学优化也是生态学的重要组成部分,在学校体育发展过程中的应用是人们在无意识状态下进行的,是潜移默化的。在学校体育中,场馆资源匮乏和人均场地面积较少,体育教师编制不足以及专业不均衡等,都需要在学校体育中进行优化组合、合理配置。

第一，学校主管体育的领导和体育教研部负责人对全校体育进行总体设计与规划，结合学校的各类体育资源进行优化组合，设计科学合理符合学校实际的全校总体方案。

第二，学校场馆器材一般都是固定不变的，那么场馆优化主要是最大限度提高使用效率，尽可能使学生休息而体育场馆不休息，这是体育场馆优化组合的最佳效果。

第三，体育课程的优化设计。根据教育行政管理部制定《体育课程标准》相关规定精神以及本校的体育传统文化项目、体育师资、场馆器材等情况进行各类资源的优化组合，选择符合本校学生的体育课程。高等学校和部分高级中学实行的选项课就是为了满足大多数学生的体育需求和兴趣，经过多年的运行实践证明是比较受学生欢迎的，这是对运动项目的优化组合。体育教材的选择也要合理优化。

第四，体育传统学校和校园足球特色学校要实行三项协调统一体组合优化，以校园足球特色学校为例：三项包括足球教学、课余足球活动和足球队训练，这三项必须在学校内同时开展，足球教学和课余足球活动是普及与推广，足球队训练是提高水平与争得荣誉。所以，学校的传统体育项目和运动队要必须体育教学、课余体育活动和运动队训练三项协调发展、相互联系、相互促进、共同提高，实现学校传统体育项目和运动队的优化组合，从而使本学校体育突出特色。

第五，课外体育活动要做预先设计方案。由于学校的学生人数众多，而学校的体育场馆面积却是相对固定的，学生人均所占场馆面积有限。因此，要合理规划课余体育活动的场地。根据学生所参与体育项目进行场馆科学优化，合理布局，尽可能地让各运动项目之间减少干扰，让学校的课余体育活动和课间操等实现可持续发展。校园足球生态优化体系主要是足球场地的优化，而且足球场地占全校体育场馆最大，因此需要优化组合，主要可以从以下方面着手：一是体育课上的各类体育项目的优化组合，确保足球课与其他体育课同时进行，使每一节体育课的安排合理，促进体育课顺利教学；二是课外体育活动的组合，这也是课外体育活动足球项目与其他体育项目的合理分布，优化组合；三是学校足球运动队训练场地的使用。由于足球运动队的训练必须在足球场进行，而足球运动队是学校体育特定团队，因此学校必须满足足球运动队的需要。值得注意的是，这方面主要是时间上的组合，即不能占用体育课的时间，除此之外其他时间都可以优化组合。

第三节 校园足球生态系统发展基本原则

生态学原则是指根据自然环境变化的规律科学地总结自然环境应该遵守生态环境发展变化的科学原则。这些原则是以自然环境变化的客观事实为依据，系统科学地进行制定的。这些科学的生态学原则对指导自然环境的可持续发展起到至关重要的作用，不仅对自然环境有重要指导作用，而且对社会的各个领域也具有广泛的指导作用，同样对校园足球和学校体育也有重要的指导作用。因此，必须将生态学的原则与校园足球和学校体育的实际发展规律相结合，制定出符合校园足球生态学系统发展原则。

一、校园足球适应与发展同步原则

体育生态学中学校体育和校园足球的适应与发展的过程是相互促进、相互协同的关系。体育生态学中的适应是指学校体育和校园足球对周围环境生态过程的适应，发展是指学校体育和校园足球的功能、特征、技战术特点等不断随着环境因素的变化而变化的过程。

学校体育和校园足球的适应必须以满足学生的多元体育需求为最终目的。从适应的角度出发，体育运动项目和学校周围环境要进行改变，使二者相互适应。改革开放以来，随着社会经济的不断发展和进步，人民生活水平的提升，国家对教育的投入不断增加，学校体育经费投入的不断加大，学校的体育场馆得到极大改善，体育器材的数量和质量也得到极大提高，体育教师的专业化水平和学历也在不断地提升，学校体育环境的不断改善，这些都适应运动项目的需要。

由于我国人口基数比较大，因此，中国的学生人口基数也比较大，我国的学校体育资源不可能满足所有的学生，只能满足绝大多数学生的体育需求。所以，我国的学校体育必须从实际国情出发和学校的实际情况出发，中国的学校体育也在不断地适应学生的需求和体育项目的改造。同时，运动项目也随着学校体育的变化而变化，即为了满足学生和学校体育的需求而不断适应。运动项目的适应主要表现两个方面：

第一，近年来，普通高校和高中开展了体育选项课。这是学校体育在不断地适应新时代发展需要。选项课增加了学生体育学习的兴趣和爱好，这项改革充分体现了以学生为主体的指导思想，同时也恰恰体现了体育项目的适应性，深受广大学生的欢迎。运动项目也存在着适者生存的问题，符合现代社会发展和学校需求的运动项目会被保留下来和传承下去，反之则被淘汰。根据地域不同、民族不同，存在的运动项目也就不同。所以那些符合满足学校场地设备条件的和满足学生需求的运动项目在逐渐适应学校体育环境后就传承下来。

第二，学校体育内的运动项目的制作与改造。运动项目的制作主要是偏远贫困山区的学校相对比较多，原因是体育经费比较少，本地区和本学校的传统体育项目（非奥运会项目）以及符合本地区本学校地理气候条件的体育项目进行制作。这样制作体育运动项目既节省经费又能够满足本地区本学校的实际需要。这充分说明了学校体育的运动项目在不断地适应新环境的改变。

校园足球也在适应新的环境变化，主要表现在自身的变化与适应是多方面的。与此同时，学校体育运动项目也在改造，运动项目改造应该遵守一条根本的原则，那就是无论运动项目如何修改，都不能改变运动项目自身的本质功能和基本特性。这个原则必须遵守，否则，运动项目就会失去修改的意义和作用。学校体育运动项目的改造主要是从以下两方面改造：

第一是规则修改。奥运会项目都有国际规则，竞技体育和职业体育都要执行国际规则，而学校体育根据学生的年龄、学段和性别等不同适当修改国际规则，这个修改主要是降低规则标准。例如，足球修改根据学生的实际情况可以降低足球网高度，可以增加或减少足球场地的面积，也可以增加或减少比赛的人数等。

第二，改造运动项目本身，根据学生的年龄、学段、身高、体重和性别等实际需要，对运动项目有针对性地科学合理地进行改造。例如，足球有国际标准尺寸，规定了标准直径、周长、重量和弹力等，足球用球分为三号、四号和五号球。标准比赛用五号球，青少年比赛用中四号，一般用于五人制比赛，儿童比赛用三号球。这些不同足球产品满足大众体育和学校体育的需要。所以体育运动项目本身也在不断变化和适应，以满足不同群体的需要，进而增加运动项目身的生存能力，扩大其影响力，甚至提高其商业和品牌效益等。

二、校园足球的生态平衡与失衡统一的原则

从生态平衡角度看，平衡是相对的，失衡是绝对的。生态学上平衡是指生态系统的结构、功能、物质和能量的输入与输出都处在比较相对稳定的状态。当外部环境的干扰超过生态系统自身的承受和调节能力时就会引起系统的结构与功能的失衡。学校体育生态系统是复杂的开放系统，该生态系统也是从平衡到失衡再到平衡的有规律的发展过程。当系统自身受到外界干扰和刺激超过自身承受和调节能力就会造成学校体育生态系统的失衡，学校体育稳定结构与部分本质功能就会发生变化。校园足球生态系统是学校体育生态系统的重要组成部分。

校园足球生态系统主要是由人、政策信息、足球和经费与物质组成的子系统。校园足球生态系统人的生态子系统主要是由学生、领导者、教练员、体育教师和班主任等组成的。在这个子系统中学生是主体，其他人都是为学生服务的。校园足球生态实现人员配置平衡，人员岗位的管理和业务水平的平衡，在这个子系统中要各负其责、分工明确，领导者要用生态学思想、理论和方法去设计学校体育和校园足球总体方案，尽可能地保持学校体育的生态平衡，也要让学校内的足球教学、足球课外活动和足球队训练与竞赛保持生态平衡。所以，领导者在此系统中起着重要作用，其他人员在领导者领导下各自发挥本职功能。实现校园足球生态系统平衡，领导者起着决定性和调节性的关键作用。只有在领导高度重视和贯彻落实下，其他人员调配、使用和培训等才能实现。足球作为校园足球生态系统中重要组成部分和子系统有足球内外两个系统：

第一是校园足球内部生态子系统，包括：足球教学、足球课余活动和足球运动队训练与竞赛。前两者是足球运动基础和普及，只有打好基础，提高学生对足球运动的兴趣和爱好，增加学生参与足球运动的基数，为学校足球运动队选拔运动员提供良好环境，才能为提高足球运动员技战术水平打下良好的基础。所以，足球教学、足球课余活动和足球运动队训练与竞赛三个因素要协调发展、互相促

进，不可偏废，只有这样才能保持系统平衡。

第二是校园足球与其他运动项目的生态平衡与失衡。每所学校都有相对固定体育教材（运动项目），处理好足球与其他运动项目的关系是各自发展的关键。这里面要遵守一个基本原则就是运动项目的多样性，这是促进学校体育生态平衡与可持续发展的基础。所以，学校内选定的运动项目要保持发展的平衡，共同促进和提高才能促进学校体育发展。否则学校体育就会失衡。

三、校园足球共生与竞争协调原则

共生是生态多样性的前提和基础，也是学校体育的一个原则，共生原则在学校体育领域体现的方面比较多。学校体育必须提倡多样性，因为学生的年龄、性别、环境、身体条件和身体素质、身体需求等不同，再加上学生性格、爱好和兴趣等不同，因此学生的体育需要是多样性的。设置各种不同的运动项目、运动强度、运动密度、教学方法和锻炼方法等，正是为了满足学生的不同需要，同时也是共生的体现，是学生体育需要多样性的表现，因此，共生是多样性的基础，只有共生才能够促进学校体育的可持续发展。竞争是发展基础，没有竞争就没有突破和创新，竞争是学校体育和竞技体育发展的主要特征。没有竞争就谈不上学校体育和竞技体育，没有竞争学校体育和竞技体育就失去了意义。校园足球是学校体育的重要组成部分，共生与竞争同样也是校园足球应该遵循的原则，校园足球共生主要表现在两个方面：

第一，学校体育内的足球与其他运动项目的共生，学校应该根据本校的场地、器材、师资和体育传统等尽可能满足大多数学生的多样性体育需求，多开设不同的运动项目，足球是众多运动项中的重要项目，虽然喜欢和参与足球运动的比较多，但也要兼顾其他的运动项目，校园足球要与其他运动项目共生，这样才能促进学校体育的协调发展，各个运动项目之间合理有序竞争。

第二，学校体育内的足球体育教学、足球课外体育活动和足球运动训练的共生，三个方面要同时开展，缺一不可，足球教学和课外体育活动是满足学生的足球兴趣和爱好，也是在校园内推广和普及足球运动，而运动训练是增强少数学生的足球特长，提高和促进学生运动员的足球技战术水平，代表学校参加足球各类竞赛，取得好成绩，为学校争得荣誉，同时也为上级学校和职业足球培养后备人才。从学校角度看，体育的各个领域都包含着竞争的思想内涵，体育教学评价评优，体育课说课评课，课外体育活动的评选评先，总之，各类校园体育竞赛的成绩本身就是竞争的最好体现。而校园足球是学校体育的重要组成部分，学校体育的共生与竞争原理也完全适合校园足球。所以，学校体育的共生是基础，竞争是提高，二者相互依存、相互促进、共同提高，共同促进学校体育和校园足球的可持续发展。

第七章　校园足球的可持续发展

可持续发展是当今中国以及整个国际社会广泛认同的一种发展模式。可持续发展，是既满足当代人的需求，又不损害后代人满足其需求的发展。它不是追求短期效益，而是注重长远发展。可以说，可持续发展理念是中国长期以来一直倡导和坚持的发展理念，已经融入了中国社会、经济、文化、环境等各项事业的发展，是对中国发展和世界发展一种负责任的发展理念和实践模式。对于中国校园足球的发展，同样需要采取可持续发展的发展理念和实践模式。

第七章 校园足球的可持续发展

第一节 可持续发展理论概述

一、可持续发展思想起源

人类文明发展的历史可根据与自然的关系分为四个阶段。第一阶段是原始文明时期，人类匍匐在自然脚下。人类从动物界分化出来以后，经历了上百万年的原始社会，原始人的物质生产能力非常低下，对自然界的开发和支配能力极其有限。第二阶段是农业文明，人类实现了对自然的初步开发。人类不再依赖自然界提供的现成食物，而是通过农耕和畜牧获取所需要的植物和动物，对自然的利用也有所扩大，比如风力、水力等，但这一阶段改造自然的能力仍有限，仍尊重自然。第三阶段是工业文明，人类开始征服自然。人类开始大规模运用科学技术控制和改造自然，并取得了空前胜利。但工业文明带给人类优越生活条件的同时，也对自然界形成了严重的伤害，进而给人类自身也带来危险。第四个阶段是生态文明，是人与自然和谐发展的阶段。人类认识到了自身并不是自然的统治者和征服者，人类与自然是和谐共生的关系，人类应当珍视自身一样珍爱大自然。从人类与自然关系发展的四个阶段来看，对人类与自然关系的认识，是人类在长期的实践与斗争中逐渐认识到的，既是人类与自然和谐发展的基本经验，又是人类在对待自然过程中所得到的教训，需要人类在今后的发展过程中铭记。

可持续发展的思想源于工业文明时代，是人类自身对工业文明的反思。人类进入工业社会后，人们对自然的改造能力越来越强，经济发展也进入快车道，人们的物质生活水平越来越高、越来越便利，与此同时，周围的环境变化越来越大。但与生活水平向高发展的趋势并不相同，环境在向不好的方面发展。这种趋势，在20世纪五六十年代就已经很明显。

例如，1943年美国洛杉矶光化烟雾事件、1952年伦敦酸雾事件、20世纪50年代日本水俣病事件等恶性环境污染事件，均造成大面积污染和大量民众伤病死亡。这些事故引起了人们的思考。化学试剂的使用虽然在短时间内会带给人们很大的便利和收益，却在长远上危害环境和人类自身。《寂静的春天》是美国作家蕾切尔·卡逊（Rachel Carson）于1962年出版的一部具有人类环境意识启蒙意义的著作。书中指出，人们使用的化学药品会伴随着雨水或是附着在飞尘之上降落于地表，进而渗入土壤，接着被杂草、玉米和小麦吸收，直到最后会侵入人类的骨骼停留在那里，直到生命衰亡。喷洒在农田、森林和花园里的农药，同样也会长期停留在土壤里，之后侵入生物体内，导致动植物中毒、死亡，并在食物链中不断迁移；或者在地下水中潜藏转移，它们会通过空气和阳光的作用再次现身，结合成新的化合物。这种新生成的物质导致植被破坏、动物患病，而且对于那些曾经长期饮用井水的人来说，它会在不知不觉中给这些人带来伤害。这部著作为人类环境意识的启蒙点燃了一盏明灯，在当时的影响下，美国民间环保组织应运而生，并开启了世界性的环保热潮。人们开始重新端正对自然的态度，重新思考人类社会的发展道路问题。

正在是现实中人们不断地感受到环境已经被污染，环境的污染已经造成了伤害。《寂静的春天》这一力作才能迅速地被人们所传诵所讨论，才促进了一些民间环境保护组织和官方环境保护组织的成立和工作的开展。成立于1968年4月，以研究未来的科学技术革命对人类发展的影响，阐明人类面临的主要困难以引起政策制定者和舆论的注意为宗旨的罗马俱乐部，在1972年发表了第一个研究报告《增长的极限》。这一报告关注的重点是经济的不断增长是否会不可避免地导致全球性的环境退化和社会解体。

1980年，由国际自然保护联盟牵头，与联合国环境规划署以及世界野生基金会等国际组织一起，发布了《世界保护策略》，该报告分析了保护和发展之间的关系，并指出如果发展的目的是为人类提供社会和经济福利的话，那么保护的目的就是要保证地球得以持续发展和支撑所有生命的能力，保护与发展是相互依存的，二者应当结合起来加以综合分析。虽然《世界保护策略》以可持续发展为目标，围绕保护与发展做了大量的研究和讨论，且反复用到可持续发展这个概念，但它们没有明确给出可持续发展的定义。尽管如此，人们一般认为可持续发展概念的发端源于此报告，且此报告初步给出了可持续发展概念的轮廓或内涵。

1987年，世界环境与发展委员会发布了《我们共同的未来》。该报告第一次明确给出了可持续发展的定义：可持续发展是既满足当代人的需求，又不对后代人满足其需求的能力构成危害的发展。该报告正式使用了可持续发展概念，并对其作出了比较系统的阐述，得到了国际社会的广泛赞同，对人类社会探索与实践可持续发展产生了深刻影响。

1992年6月，联合国在里约热内卢召开的"环境与发展大会"，通过了以可持续发展为核心的《里约环境与发展宣言》《21世纪议程》等文件。随后，中国政府编制了《中国21世纪人口、资源、环境与发展白皮书》，首次把可持续发展战略纳入我国经济社会发展的长远规划。

2015年9月，193个联合国成员国领导人在联合国发展峰会上通过了《变革我们的世界：2030年可持续发展议程》。中国政府高度重视可持续发展议程的落实工作，率先发布落实2030年议程的国别方案。2019年10月，首届可持续发展论坛在北京召开。总结起来，人类进入20世纪之后，随着科学技术的进步，带给人类的快速发展，同时也带来的环境污染问题引起了人类的高度重视，也逐渐形成从学术研究到民间组织、从政府主导到民众参与等不同层面的广泛关注，而且随着时间的推移，可持续发展理念也越来越深入人心，不断得到更广泛的认同与参与，正在成为人类的一个基本共识和共同的行动模式。

二、可持续发展的基本内涵

可持续发展的定义众多，但有一个是被广泛接受的，那就是在《我们共同的未来》报告中所给出的可持续发展定义，它是世界环境与发展委员会正式给出的官方定义："可持续发展是既满足当代人的需求，又不对后代人满足其需求的能力构成危害的发展。"这一定义具有高度的概括性和简洁性，缺少直接的和实际的可操作性。所以，很多专家、学者根据自己的理解和研究范围，从不同的角度对可持续发展的定义作了进一步的解释或展开。

联合国193个会员国在2015年9月举行的首脑会议上一致通过了《2030年可持续发展议程》。呼吁各国采取行动，为今后15年实现17项可持续发展目标而努力。这些目标涉及发达国家和发展中国家人民的需求并强调不会落下任何一个人。这些目标涉及可持续发展的三个层面：社会、经济和环境，以及与和平、正义和高效机构相关的重要方面。这些目标代表了当前对可持续发展基本内涵的理解。

通过《2030年可持续发展议程》对可持续发展的相关表述可以看出，当代可持续发展的概念内涵已经发展到经济、社会、文化、环境等多方面，强调可持续发展的整体性、全球性。可持续发展是全球的可持续发展不是一国、一地的可持续，世界人民共同合作，才有可能实现可持续发展。人类作为一个整体，在生存区域和价值观等方面存在着一些差异，但在一个问题上是完全一致的，这就是世界上只有一个地球，地球是人类的共同生存家园，需要人类共同保护，共同为子孙后代的生存和发展而努力。

三、可持续发展的阻碍与助推

霸权主义是可持续发展的最大阻碍。霸权主义是指在国际关系上，大国、强国凭借军事和经济实力，超越国际法、国际政治格局现状一味扩张自身势力范围，操纵国际事务，干涉他国内政，甚至进行武装侵略和占领，称霸世界、主宰世界的强权政治、强权政策。正是因为一些国家采取了霸权主义，导致发展中国家都想发展得更快一些，以避免受到强权国家的侵害，而在这样以快速发展为目的的国家中，很少能有国家能很好地平衡发展与环境保护的关系，也就是说现在很多国家的不惜破坏环境而追求发展的做法是被当前国际形势所逼迫，所裹挟的。当前世界各国基本上都认识到了可持续发展的重要性，各国人民也希望有可持续的发展，但是可持续的发展有时是比较慢的发展，是短期利益不能最大化地发展。

人类命运共同体理念能助推全球可持续发展战略。这一理念旨在追求本国利益时兼顾他国合理关切，在谋求本国发展中促进各国共同发展。这一理念强调人类只有一个地球，各国共处于一个世界。这一理念关于环境和发展方面指出，气候变化带来的冰川融化、降水失调、海平面上升等问题，不仅给小岛国带来灭顶之灾，也将给世界数十个沿海发达城市造成极大危害。资源能源短缺涉及人类文明能否延续，环境污染导致怪病多发并跨境流行面对越来越多的全球性问题，任何国家都不可能独善其身，任何国家要想自己发展，就必须让别人发展；要想自己安全，就必须让别人安全；要想自己活得好，就必须让别人活得好。如果各国真正践行这一理念，那么各国就能统筹发展，发挥各自优势，在平等互利的基础上，进行和谐发展，实现最大限度减少环境破坏的发展、避免战争的可持续的发展。

四、可持续发展的三原则

可持续发展理论在自身发展的过程中，形成了具有广泛共识的三个基本原则，即公平性原则、持续性原则和共同性原则。

（一）公平性原则

公平性原则强调可持续发展是一种机会、利益均等的发展，包括本代人之间的公平、代际间的公平和资源分配与利用的公平。它包括同代内各国各区际之间的均衡发展，即一个国家和地区的发展不应以损害其他国家和地区的发展为代价；也包括代际间的均衡发展，既满足当代人的需要，又不损害后代的发展能力。该原则认为人类各代都处在同一生存空间，都在同一个地球，他们对这一地球空间中的自然资源和社会财富拥有同等享用权，他们应该拥有同等的生存权。因此，可持续发展把消除贫困作为重要问题提了出来，要予以优先解决，要给各国、各地区的人以及后续世世代代的人以平等的发展权。

（二）持续性原则

人类经济和社会的发展不能超越资源和环境的承载能力，即在满足需要的同时必须有限制因素，也就是说发展的概念中包含着制约的因素，发展不是随心所欲的。因此，在满足人类需要的过程中，要尊重限制因素的存在。人类社会发展的主要限制因素有人口数量、环境、资源，以及技术状况和社会组织对环境满足眼前和将来需要能力施加的限制。最主要的限制因素是人类赖以生存的物质基础——自然资源与环境。有些自然资源是不可再生的，而环境的承载能力也是一定的，因此持续性原则的核心是人类的经济和社会发展不能超越资源与环境的承载能力，从而真正将人类的当前利益与长远利益有机结合起来。

（三）共同性原则

各国可持续发展的模式虽然不同，但公平性原则和持续性原则是共同的。地球的整体性和相互依存性决定全球必须联合起来,形成人类命运共同体意识。可持续发展是指用超越文化与历史障碍的眼光来看待全球问题。它所讨论的问题是关系到全人类的问题,所要达到的目标是全人类的共同目标。虽然国情不同,实现可持续发展的具体模式不可能是唯一的,但是无论富国还是贫国,公平性原则、持续性原则是共同的,各个国家要实现可持续发展都需要适当调整国内和国际政策。只有全人类共同努力,将人类的局部利益与整体利益结合起来,才能实现可持续发展的总目标。

第二节　校园足球可持续发展的内涵

可持续发展是一种大的战略，是事关全局、全球的战略，是需要整体推进的战略，是当前深入人心的战略。环境污染的危害在各个国家、各个地区甚至每个人都知道，同时也能感受到，但是人们还在做危害环境的事；塑料对环境污染已经被媒体宣传和报道得足够多，可是在日常生活中还是有那么多人在没必要使用塑料袋时使用；明知道我们地球的资源并不是用之不尽的，可还有那么多的灯在无人的房间和办公室被点亮。这样的事例太多，已经让人看得有些麻木；这样的事例太常见，让人看到心疼。这说明知道可持续发展重要是一回事，而真正能做到可持续发展又是另外一回事。那么是什么能让全球更多的国家和个人实践可持续发展的道路呢？其中教育是一个重要的因素。可持续发展需要全社会的共同努力，需要全社会确立正确的发展观念，正确的人与自然和谐发展的观念。这样的观念不是天然出现在人们的头脑之中的，而是需要培育再培育，宣传再宣传，实践再实践，而这一切都可以通过教育进行推进。当前国际社会越来越清楚地认识到，可持续发展教育是优质教育的必需组成部分，也是可持续发展的重要推动力。

校园足球生态系统是教育生态系统的一个子系统，教育生态系统又是社会生态系统的一个子系统，作为社会生态系统一部分的校园足球也面临着如何促进整个社会可持续发展和自身如何可持续发展的问题。在探讨校园足球可持续发展问题时，必须先明确何为校园足球可持续发展，校园足球可持续发展应当追求怎样的目标。只有这些确定了，我们为校园足球可持续发展所提出的发展路径才能走在正确的路线上。只有遵循可持续发展的道路，校园足球才有前途，既对参与的学生有好处，也对参与其中的教师、家长有益处；既对校园足球有好处，也对学生的文化课学习有益处；既对当代的校园足球有好处，也能保障校园足球的未来发展也处于良好状态之中。

校园足球生态系统是教育生态系统的子系统，校园足球生态系统的可持续发展可以促进教育生态系统的可持续发展，进而促进社会生态系统的可持续发展。

校园足球生态系统能育体和育德：育体可以使人们身体健康，更好的工作，更少的生病，为经济可持续发展作出贡献；育德可以使人们更加具有团结合作的精神，这也有利于可持续发展的进程。校园足球生态系统本身的可持续发展更为重要，如果校园足球生态系统本身是不可持续的，那么也就谈不上对教育和社会可持续发展发挥作用。

校园足球生态系统可持续发展，指的是校园足球本身的可持续发展，是指在校园足球发展中兼顾当前与长期、局部与整体利益，正确处理校园足球与学校教育、社会的关系，实现自身持续、稳定、协调地发展。可持续发展的基本含义是既满足当代人的需求，又不对后代人满足其需求的能力构成危害的发展。再结合可持续发展的三原则，即公平性原则、可持续性原则、共同性原则，我们认为校园足球的可持续发展应当具有以下含义：

第一，校园足球可持续发展是既满足当代人参与和发展校园足球的需求，又不对后代人参与和发展校园足球的能力构成危害的发展。

可持续发展的提出，说明现实中发展已经有了不可持续的苗头。那么探讨校园足球可持续发展，应先判定校园足球中不可持续的苗头。校园足球在我国是新生事物，它本身不可持续发展的苗头还较小，或者说还没有明显显现出来，但是我们可以从传统足球青训中探讨这种苗头存在的可能。传统足球青训中被人们所诟病是因为成才率太低。一个足球学校中，最后能踏上职业联赛或者上大学的学生寥寥无几，这些学生日后除少部分能有一个较好的工作外，其他大部分学生成年后进入社会，由于文化水平较低，而不能找到理想的工作，因此对自己所从事过的足球训练而心有怨念，这些人在谈论到是否想让自己的下一代也参与足球运动时，大多是持否定态度的。即使那些踢上职业联赛和上了大学的也少有人希望自己的下一代继续参与足球运动，因为他们看到了周围太多的人因为练足球而一事无成。这种情况是如何产生的？是因为传统青训的训练与教学分离，并且重训练而轻文化课学习。当前校园足球有面向全体学生的体育课和普及为目标的训练与比赛，又有承担部分传统青训练功能的校园足球训练与比赛，但这部分常常与传统青训纠缠在一起而受到影响。目前已经有学校显现出重视训练而轻视教学的苗头，比如某中学校园足球试点学校，参加高考的学生运动员能考过二本线的少之又少。这样的学生运动员虽然也有部分人上了大学，但大学后能不能有一个好的职业发展，是值得深思的问题。虽然现有研究并没有证据证明大学毕业后足球高水平运动员的发展前景并不好，但也没有证据证明其发展前景好。现实情况是所有研究者都指出，文化水平的不足是影响足球高水平运动员职业进一步发展的障碍，尤其是英语水平和计算机应用能力不足等因素。所以说，校园足球不从整体育人的角度出发，而过度重视足球训练，忽视学生文化课成绩学生的做法，就是校园足球不可持续发展的苗头。

不从育人角度出发的校园足球训练和比赛，不能满足当代学生与家长的需要。校园足球成功与否不是管理者和学校说了算，也不是学校足球教练说了算，要看参与其中的学生和家长的看法。只重视学生运动员的训练成绩，而不重视学生文化课成绩的做法并不能使学生和家长受益。首先，对于参与其中的学生运动员，处于经常训练的氛围下，自然就会放松自己的文化课学习，进而不利于将来的发展。其次，一般学生和学生运动员处于同一班级，学生运动员对待学习的态度和纪律情况不好会影响一般学生的学习生活。一般学生会将学生运动员看成是学习不好、只会踢球、纪律也不好的差学生，学生运动员也会产生这样的自我认识。这样将使那些本来对参与校园足球有兴趣、有能力，而且学习又好的真正的校园足球精英在自己主动选择或家长的要求下离开校园足球训练。

不从育人角度出发的校园足球训练和比赛产生的危害或许对当代学生来讲体验并不深刻，但他们一旦踏上社会，这种危害就会慢慢暴露出来。无论是曾经的学生运动员，还是普通学生，都能看到没有好好学习文化课的下场，都会对这样的训练方式产生抵触情绪，进而不再想让自己的下一代进入到校园足球训练和比赛中，也就是说，下一代从事校园足球的可能性就被剥夺了。即不从育人角度出发的校园足球训练和比赛，对下一代人参与和发展校园足球的能力构成危害，阻碍了校园足球的可持续发展。

第二，校园足球可持续发展是校园足球各教育阶段的协调发展。

校园足球可持续发展应当是既满足当代人的参与和发展校园足球的需求，又不对后代人参与和发展校园足球的能力构成危害的发展。这是校园足球最基本的含义，从这一基本含义也可以引申出其他含义。校园足球存在于各个教育阶段，分别有小学、初中、高中和大学的校园足球。各个阶段的校园足球可看成是更小层次的当代和后代，因此，校园足球可持续发展在各阶段应当既满足当前阶段校园足球发展的需要，又不能对后一阶段校园足球发展的能力构成危害。这要求参与校园足球的各方从整体上考虑校园足球各个阶段的发展，进行整体设计，通盘考虑。但在实践发展中做到这一点并不容易，过早专业化训练、过度训练和足球教学中教标准动作的做法是主要阻碍因素。

过早专业训练是我国传统青训中受到诟病的一种做法，这种做法在运动员小学阶段就开始了足球专业化的训练，基本上是半天时间训练足球半天时间学习。训练内容和方式在小学高年级阶段就开始向成人训练内容和方式靠拢，注重小运动员足球运动技术的标准化战术的成人化，注重从小打下坚实的基础，注重运动员更早的出成绩。这种训练模式下，小学阶段的高水平的运动员已经表现出相当的足球运动技能水平，但是也对小学阶段的运动员的潜能过度开发，甚至对小学阶段的运动员的运动兴趣造成了一定的阻碍，不利于运动员长期的发展。过去我国足球青少年运动员在国际赛场上的成绩远好于我国成年足球运动员，不得不说和我国过早专业化训练，过度消耗青少年运动的天赋和兴趣，没有遵循青少年运动的身心发展规律有关。因此，这是需要在校园足球发展的过程中，必须引起注意和努力避免的问题。只有更好地保护少年儿童的足球兴趣和发展潜力，才能使他们在未来的发展中更好地发挥自己的足球天赋，为自己也为国家和社会作出更大的贡献。

过早专业化训练是不利于青少年足球运动员成长的，这已经成为社会各界共识，但在实践中仍然大量存在，这背后的原因是复杂的、多方面的。校园足球既承担足球教学又承担校园足球的训练和比赛工作，其中训练与工作目前被定义为足球青训的一种形式，与传统青训共同承担足球后备人才培养工作。校园足球中的青训与传统足球青训两者之间并不分离，而是相互融合的。校园足球的运动员也有传统青训的，传统青训中的运动员也有回归到校园足球中的。过早专业化训练本是传统足球青训中的现象。无论是运动员还是家长，都有更早出成绩的追求和冲动，都想占据先机得到更好的发展资源。因为各年龄段是否能进入更高级训练层次取决于成绩，越早在成绩和运动技能突显出来的青少年运动员才越可能进入省队和国家队或职业队的少年队。教练也主动或被动地卷进了过早专业化训练的陷阱,因为评判教练员的方式就是主要看向上一级动员队输送队员的能力。传统足球青训的过早专业化训练传导到了校园足球,一是因为传统青训与校园足球交融在一起;二是校园足球中的教练证明自己能力的方式是靠运动队当前的成绩,学生运动员也希望自己能更早地取得好成绩,好在升学和进入更高级运动队上占有先机。这一点需要国家在校园足球训练、比赛和动员向上流动机制制度上做出更好的安排,只有这样才能引导教练员和足球队员以更好地方式开展足球训练,引导他们以健康的方式有序、合理流动。

在足球教学中,教标准动作是体育教学的传统理念,是从传统训练学中继承的理念,背后的逻辑是运动技术一旦形成定势很难改变。这一理念认为初学时所形成的任何一点错误动作,以后都难以纠正,形成的错误习惯会影响一生,因此学习足球技术动作必须规范。事实上足球技术,本就因人而异、千差万别,将所有的技术都统和成一种标准,这种做法本身就有问题。初学时所形成的任何一点错误动作,以后都难以纠正的观点与事实并不相符。职业球员技术动作是熟练掌握,形成自动化的典范,但仍会经常调整,尤其是球队更换教练后,并取得较好成绩时,常会听到球员说"教练帮助我改善了技战术"等言论。之所以有这样的观点,和我们专业足球训练方式有关,我们的小球员大多是纯粹被动接受,大量模仿练习标准动作,自己不用动脑思考,所以改正起来难。可见动作难改实则人为。这一理念下的足球教学特征是接受式学习,学习的主要内容是规范技术动作,学习的过程主要是模仿过程。这样模式下,学生被看作容器,处于被动接受地位,学习过程是枯燥的模仿过程,学生思考的权利无形被剥夺,教师处于完全主导地位,教学内容是固定的,是高高在上的不可被怀疑的规范技术动作。这种理念造成的后果,是学生在小学阶段足球课上就开始学习正规的足球技术动作,但到了大学也没有学会,因此早早没有了学习的兴趣。所以,校园足球要想实现可持续发展,应当进一步探讨和研究在各个学段应当学什么和学到什么程度,这一点不解决好,校园足球就没有一个好的发展基础。在足球教学中,这种忽视学生主体性、缺乏因人而异的、标准化的教学亟待改变。在一定程度上来说,学习是接受和模仿。但这种模仿也是结合个体的差异而进行的模仿,是在充分发挥个体主体性的基础上的接受和模仿，否则只能是"依葫芦画瓢"。缺少个性化的教学过程，就是缺少教学生机的过程，是难以将学习内化为具体言行的过程，也是难以实现可持续发展的过程。

第三，校园足球可持续发展是对学生运动员和普通学生皆有益的发展。

可持续发展应是全纳的发展，校园足球的发展亦应是全纳的发展，校园足球应当使所有学生受益。只有所有学生都受益了，校园足球才能发展得越来越好，才能一代接续一代地持续向前发展。让所有学生都受益，就是既让有足球天赋的学生受益，又让普通学生受益；既重视校园足球的训练与比赛，又重视校园足球课的开展；既重视校外比赛的参与，也重视校内比赛的组织；既重视学生足球技能的提高，又重视学生精神品质的提高；既重视校园足球场地器材的建设，又重视校园足球文化的建设。校园足球的全纳发展包括人的全纳和内容与形式的全纳，实则是做到各方面的均衡发展。

目前有些学校只重视能给学校带来即时声誉和好处的校队成绩，而不关注普通学生校园足球活动。以某市一所学校为例，校队成绩连续多年是所在区的第一名，但是却从没有组织过一次校园班级之间的足球比赛。没有校内比赛不重视校园足球课，看起来伤害的只是普通学生的参与校园足球的兴趣和机会，实则也伤害了学生运动员。这样的做法剥夺了校队成员为班级夺取荣誉，在校内展示自己的机会，不能将足球的育人功能充分发挥出来，从而不利于校园足球的长期可持续发展。所以想要校园足球的长期可持续发展，必然要既重视校外比赛又重视校内比赛。

一些学校注重学生足球运动技能的提高，忽视了学生意志品质的培养。这种做法造成的后果，就是一些学生运动员无论在比赛过程中，还是在日常生活中，都没有表现较高的道德水准，从而给周围同学留下了不好的印象，不仅没有成为学校中的正面因素，反而成为反面典型，影响了班级或学校的风气。部分学校和部分学生运动员，相对普通学生来讲，在课堂纪律方面存在较大问题，存在许多打架现象。这样的问题与现象会让周围的学生和教师看在眼中，记在心里。其他课任教师会因此不支持自己班级的学生参与足球训练和比赛，其他学生也会减少参与足球训练和比赛的兴趣。这是影响校园足球可持续发展的又一问题，是一个必须重视的问题。

从全纳教育的思想出发，校园足球的发展应当惠及每一个学生、每一所学校。只有让全体学生都从校园足球运动中受益，才能为校园足球发展赢得良好的内部和外部发展环境，为校园足球带来可持续的发展。在校园足球运动员的发展上，既要充分发展学生的体育潜能，又要重视德育、智育、美育和劳育的发展，形成个体的全面综合发展。同时更要从尊重学生个人多样性和学校多样性出发，形成因人而异、各美其美的发展态势。

第四，校园足球可持续发展是集约型发展。

集约型发展起源于经济学，现已向其他领域扩展，集约型发展本指经济增长方式的集约型，基本特征是依靠提高生产要素的质量和利用效率，来实现经济增长。以这种方式实现经济增长，消耗成本较低，产品质量不断提高，经济效益较高。校园足球的集约型发展是指依靠原有效率的教学内容与方法，训练内容与方法，更为合理地进行比赛设置，而不仅是靠提高学生参与校园足球的时长来实现校园足球的发展。校园足球的集约型发展，是以消耗较少的人力成本和时间成本，实现较好的校园足球发展，对整体教育生态环境是友好的。

校园足球的集约型发展可分为校园足球课的集约型发展和校园足球训练与比赛的集约型发展。校园足球在时间成本上基本上是固定的，国家的要求是校园足球特色学校每周一次足球课。每周一次课，应当说在学校体育中的所占比重是比较高的，学校体育可开展的项目众多，而且有些项目是必不可少的，也是对学生更好参与校园足球能有益的。校园足球课的集约型发展更多的是在提高教学效率上下功夫，也就是说如何在既定时间内采用更为合理的教学内容和更为高效的教学方式，达到更加高效的教学。我们的体育课总时长并不少，但并没有让学生真正学到什么运动技能，这是长期受到诟病的现象。校园足球充当学校体育改革排头兵的作用，应当提高教学效率，让学生在足球课上真正能体会到运动技能和发展意志品质。只有这样校园足球才能得到各方面的认可，发展得越来越好，从而持续发展下去。

校园足球训练的集约型发展不是依靠增加训练时长来实现的,而是要靠提高训练质量来提高训练效果。当前,很多校园足球教练并没有在如何提高训练质量上下功夫,不积极地去学习新的青少年训练理论,也不主动借鉴优质的训练实例,不研究如何提高单位时间的训练质量。这和我国足球传统青少年训练理论不强有关,也和我国基层教练员缺乏对运动员长期发展的关爱有关。不提高单位时间的训练质量,学生运动员就要增加学习时长,就会影响学生参与其他的运动项目,也会影响学生文化课学习。这样会造成学生得不到全面的发展,进而影响校园足球本身的发展。

校园足球比赛的集约型发展要求比赛不是越多越好,而是合理安排赛事,提高赛事对学生的促进作用,提高每一个赛事的质量。当前国家大力推进校园足球的背景下,校园足球赛事也变得丰富起来,但赛事的地理分布和质量还有待于进一步提高。有的地区赛事密集,有的地区缺少赛事,数量存在着地区不平衡;有的地区赛事质量高,有的地区赛事质量低,质量也存在地区不平衡。消除地区不平衡和提高赛事质量是需要各方共同努力的事情。

实施校园可持续发展不仅对校园足球具有重大意义,对整个教育的发展和社会的发展都具有重大意义。经济可持续发展是指经济发展对自然环境友好,因为自然环境对经济发展提供资源支撑和限制;校园足球可持续发展最主要是对社会环境友好,因为社会环境对校园足球提供资源支撑和限制。校园足球课的集约型发展,就是在单位时间内提升教学质量让学生学有所成;校园足球训练的集约型发展,就是协调各方资源,发挥各方优势,提升训练质量,让足球运动员全面发展;校园足球赛事的集约型发展,就是实现以赛促训,以赛促学,实现校园足球运动的健康发展。

第三节　校园足球可持续发展的理念

可持续发展理念是开展校园足球活动的指挥棒，在一定程度上具有灯塔效应。当前，校园足球的发展历程较短，处于摸着石头过河阶段，尚没有建立明确的发展理念，为了加快实现校园足球的可持续发展，破解校园足球发展中的难题，根据我国国情和校园足球发展状况，提炼、梳理和建立校园足球可持续发展理念十分必要。我们认为校园足球的可持续发展也应当坚持"创新、协调、绿色、开放、共享"这五大新发展理念，并且在坚持过程中要体现出校园足球可持续发展的独特要求。

一、校园足球发展的创新理念

创新理念是当前社会发展中最重要，最紧迫的理念，是国家应对当前世界发展百年未有之大变局的重要举措。创新的理念已经深入到社会发展的各个方面，教育创新也是常态，但是创新在校园足球发展的过程中受到重视的程度却并不突出，这制约了我国的校园足球可持续发展。

对我国来讲校园足球是属于新生事物，借鉴的对象是国外校园足球发展较好的国家，我国校园足球发展基本上处于引进消化阶段，在这一阶段容易陷入先进国家校园足球发展的套路，而不敢有所突破和创新。校园足球先进国家的确有很好的校园足球发展经验可以借鉴，这是不可忽视和否认的，但也要看到我国校园足球发展的独特和急迫的要求，我们的教育目标是培养合格的社会主义建设的接班人，是面对的全体学生，没有创新如何解决场地与全体学生学习足球的需要。我们应当根据我国校园足球的实际情况，在借鉴的基础上进行大胆地创新，没有创新我们只能跟在人身后，只能是"邯郸学步"，而找不到适合自己的发展道路是不可能成功的。从足球以外的其他事业的发展来看，只有借鉴而没有创新，只是"削足适履"而没有结合自身独特的优势进行发展，这样不可能取得较好的效果，这是有着非常多的案例和经验教训的。

我国的校园足球，应当建立起文化自信，不能迷信先进经验。我国社会发展的经验表明，我们可以走出有中国特色的社会主义道路，在创新上中国人民有追求、有能力、有方法。如果没有创新，我们不可能在近几十年取得举世瞩目的发展成就。当前校园足球的发展注重先进经验的引入，外教在校园足球的相关培训中占有很大的比重，一些区域和个别学校也雇用了高水平的外教来提高教师的教学水平，我们也派出了大量的教师去校园足球发达国家进行深造。但仅有这样的引进来和派出去是不够的，我们要在已有经验的基础上进行自主创新，要与我们校园足球的培养目标和培养环境结合起来进行创新。校园足球发展更需要创新，没有创新，我们就难以提高教学和训练效率，就难以实现校园足球的可持续发展。

校园足球的创新应重点发展教学与训练理论和实践创新，这是校园足球发展的第一动力。当前的校园足球发展对创新的重视不够，缺少对相应创新的支持与鼓励。首先，校园足球发展缺乏对教学与训练创新的支持力度，没有相应的制度政策、运行机制和保障机制，导致校园足球理论研究者和实践者没有相应的动力和平台进行校园足球的教学与训练创新。其次，校园足球中对原创的理论和实践重视不够，实践中虽然我国校园足球教学和训练水平整体并不高，但也有一些好的老师和好的实践，这些好的老师和好的实践只在一定的范围内发光发热，没能照到更远的地方。校园足球的发展应当建立利于本土教学和训练理论创新的交流与呈现平台，从制度、经济和文化等各个方面保障创新的进行。因此，一方面，需要我国的校园足球教练员和运动员独立自主、自力更生地进行进取和创新，认真进行理论研究，探索出适合中国校园足球发展的理论体系；也需要教练员和运动员认真开展实践，总结实践经验，提升实战能力。另一方面，需要相关部门为校园足球教练员和运动员的交流和发展，提供一个好的机制和平台，让真正有本事、有能力的人才脱颖而出，能够将先进的足球运动思想和运动技能普及到更多的校园之中，从而促进和帮助更多的校园足球教练员、运动员得到更加优质的学习资源，使他们实现更加健康、高效的发展。

二、校园足球的协调理念

协调是校园足球可持续发展的内在要求，是正确处理校园足球发展中重要关系的基石。从协调理念本身来看,就是在发展中关注各发展主体的自身发展需要和利益主张,既要看到各发展主体的发展需要和利益主张相矛盾和冲突的一面,又要看到各发展主体间发展需要和利益主张相一致、相统一的一面。善于从两个方面来理解发展主体,善于在平衡各发展主体的利益主张中谋求共同发展,协调就是协调各发展主体的利益主张,凸显主体间的发展价值。

校园足球的发展要面对校园足球各发展主体的利益主张,面对各种困难处理各种各样的关系,一些关系处理不好,会严重影响校园足球的可持续发展,造成资源的浪费和各方的冲突。用协调的理念来处理校园足球中的关系,既要认识到各方存在的竞争关系,又要重视合作关系,注重各方的整体协调发展。校园足球不仅要自己发展好,还要对学校体育有益、对教育有益、对社会发展有益才能达到和谐可持续的发展。

校园足球的可持续发展首先要协调的是文化课程学习与参与足球训练的关系。这一关系不协调好,校园足球的可持续发展就成了空中楼阁。传统三级训练网语境下存在学训矛盾一说,主要指学习和训练不可兼得,两者在时间与精力上存在竞争关系。在校园足球语境下,不应当再存在学习与训练相互矛盾的提法,校园足球本是在学校中开展的足球运动,是对学训矛盾的破局之作。但实践中很多学校却呈现出了学训矛盾,当然也有一些学校解决得很好,学生足球运动员做到了体智双优。学生运动员文化课成绩落下实则会影响足球训练成绩的提高,学生运动员参与训练的过程也能对文化课学习产生良好的作用,两者本不是绝对竞争的关系,而是可以相互促进的关系,因此,我们要在文化课学习和参与足球训练找到协调共进的方式,在训练上要避免过度训练,在文化课学习上要避免题海战术,这样两者才有协调和谐发展的基础,在此基础上再理出两者共同进步的方式方法,让两者在学生身上得到共同和谐的发展才是校园足球可持续发展的正确道路。

校园足球的可持续发展要协调全面促进与部分提高的关系,没有学生全面发展,学校足球的提高就失去了教育意义,没有学生运动员水平的提高,学生全面发展会少了激励,两者必须协调提高才是真正的提高。目前,校园足球注重一部分有天赋的学生运动员的提高,注重校园足球的训练和比赛,甚至认为只有校园足球涌现出更多的足球苗子，有更多的苗子进入职业队、国家队，然后帮助国家队取得更好的成绩，才是校园足球的成功。

这种认识与校园足球的可持续发展是背离的。校园足球的发展，并不是不注重学生动员的运动水平，但这不应当凌驾于所有学生的全面发展基础之上，如果只有部分尖子运动员受益，而普通学生却得不到运动水平的提高和参与训练与比赛的乐趣，那么这样的校园足球又有什么意义，这样的校园足球在学校中必得不到广泛的认可，必然难以持续。所以，国家出台了一系列相关政策，避免基层学校只对校队成绩的过度追求，而不顾全体学生的发展，对不开展学校内部班级之间的比赛的学校给出相应的处罚政策。基层学校也确实有只注重校队成绩，而不注重全体学生的做法，基层学校有这样做法的应当自觉进行改变。

校园足球的可持续发展要协调足球老师和一般体育教师的关系，要认识到体育教师整体发展对校园足球的重要作用。作为从事一个专业的体育教师，都有自身的发展需求和利益主张。在这个意义上他们是一致的，但从另外一个层面来看，他们的发展需求和利益主张又不尽相同。有的教师在自己的专业发展上有更多的需求，尤其在足球训练上，有的教师在专业之外可能投入更多的时间和精力，有的教师可能只是希望把本职工作做好。校园足球的可持续发展就是要协调好在专业发展上有需求的体育教师之间的关系，尤其是在校园足球上有思考、有意愿的教师之间的关系，还要协调好在专业发展之外有利益主张的教师之间的关系。

我们的校园足球教师本不是孤立于全体体育教师之外的，足球教师首先是体育教师，其次才是以足球为主要项目的体育教师。这一部分体育教师因为教授足球，获得了一些其他项目教师难以获得的重视和利益，同时也可能付出了更多。在这个过程中一定要处理好足球教师获得利益和付出之间的关系，学校不能只注重足球教师的发展而忽略其他项目教师的发展，要协调足球教师和其他项目教师的关系，让所有体育教师都是校园足球的支持者，校园足球才有在学校长期持续发展下去的基础。这其中关键的是学校管理层。作为学校的管理者，如何引导和发挥体育教师的内在潜力，适度满足他们的利益主张，使他们在发展中能各得其所，既保持一定的竞争关系，又保持友好的协调发展。这对学校管理者而言，既是挑战，也是一门艺术。

校园足球的可持续发展要协调足球教师和文化课教师的关系，足球教师和文化课教师应当相互学习、相互理解、共同致力于国家的教育目标。我们国家的教育是全面发展的教育，是"五育并举"的教育，所有学校教师应当同心协力，共同促进学生成为社会主义的接班人。但实践中在体育教育和文化课教师之间却难以形成合力，体育教师经常"被生病"是大多数学校的传统，当前虽有所好转，但文化课教师不重视体育课的现象仍存在，班主任不支持学生参与足球训练的也有不少。这种现象的存在一是与学校的奖励制度和职称制度有关；二是与文化课教师和体育教师缺少学术方面的沟通和理解有关。

体育与智育处理好了就是相互促进，处理不好就是相互伤害。所以无论是国家还是学校都应当注重体育教师和文化课教师之间关系的协调，进而发展课程方面的协调，才是校园足球和学校教育持续发展的应有之意。

校园足球的可持续发展要协调足球教师和管理者之间的关系，做到管理者和足球教师之间的和谐共存。管理者不仅要有管理的意识还要有服务的意识，要尊重足球教师的专业身份，在专业的事上要多征求足球教师的意见，将管理好校园足球的发展转变为服务好校园足球的发展；足球教师要尊重管理者的管理，并融入管理者管理制度和方法的改变中，成为管理者的支持者和变革促进者。校园足球持续发展一定要理顺校园足球管理者和普通足球教师之间的沟通渠道，管理者一定搞清基层足球教师的诉求，基层足球教师也要明白管理者提出足球管理的意图和价值，两者做到劲儿往一块才能发展好校园足球。

三、校园足球发展的绿色理念

绿色发展理念是校园足球可持续发展的内在要求，是校园足球为整体社会绿色发展应作出的贡献。校园足球的绿色发展又不同于传统社会经济的绿色发展，一般意义上的绿色发展是以人与自然和谐为价值取向，以绿色低碳循环为主要原则，以生态文明建设为基本抓手的，而在校园足球中，校园足球的基本生态环境是以社会环境为主，自然环境为辅，所以校园足球的绿色发展应有自己特殊的要求，校园足球的绿色发展，应以校园足球与学校教育和谐为价值取向，以体智双优为主要原则，以提高成才效率为基本抓手。

校园足球的绿色发展重点在提高校园足球的成才效率，避免造成人力资源的浪费，这是校园足球绿色发展的基础。这是因为从学生的发展角度讲，成才是学生发展的结果，也是学生成长的追求。从家长期望的角度讲，成才是家长对孩子的培养期望，也是家长投入时间、精力和财力的原动力。从学校的发展角度讲，成才是学校发展的目标指向，是学校在跨越外延式发展，走向内涵式发展的必然要求。校园足球中的学生是教育中的学生，是需要德、智、体、美、劳"五育并举"的学生，这是校园足球发展的基础，这一基础不能丢。学生分配给足球的时间不可能太多，否则会影响其他项目和文化课的学习，总学习时间一定的情况下，一味地加大足球学习时间，是对其他运动项目学习和文化课学习的冲击，而加大学习时间却并不能提高效率的现象，则是对人力的浪费。所以，校园足球要践行绿色发展理念，应当在如何提高日常足球教学和课余足球训练效率上下功夫，在如何协调各运动项目学习共同促进学生身体发展上下功夫，在足球学习与文化课学习相互促进上下功夫，对足球的学习和其他运动项目的学习进行整体设计，对体育的学习和文化课的学习做出整体安排，力争达到"一项学习，多种效应"的结果，从而达到省时高效的校园足球绿色发展要求。

校园足球的发展必然要涉及足球相关场地器材的投入、使用、更新。物力资源的节约，首先表现在场地器材的选用上，要坚持选用对生态友好性的场地器材，从应用上倒逼生产部门进行绿色产品的设计与开发；其次表现在场地器材的保养上，在器材使用过程中更要注重对场地器材的经常性和规范性的保养，延长器材的使用寿命，形成对资源的合理、高效利用。同时，要协调好校内外足球场地器材应用，合理安排校园内的场地器材的使用，让物力资源的使用达到利用率的最大化，避免铺张浪费；最后表现在物力资源的循环利用上，物质资源的循环利用，不仅能有效保护自然生态环境，还能实现物尽其用，最大限度地实现校园足球发展的经济化。比如在小学阶段学生身体成长快，学生足球服装和鞋可能很快就要淘汰，然而淘汰后还有很高的使用价值，在这种情况下，学校可以考虑在学生自愿的基础上将淘汰的装备收集起来，消毒后给更低年级的学生自愿使用，这样就达到了绿色使用的目标。

四、校园足球发展的开放理念

开放理念是被我国社会经济发展实践所证明的历史潮流，是我国与世界各国共赢互惠的人类命运共同体的重要保障。校园足球的发展也要坚持开放的理念，并对开放理念在校园足球上的贯彻进行新的解读。中国的开放已经从注重引进来，发展到了更多地走出去。校园足球的发展，还处于引进来的阶段，也就是说，我们的校园足球仍处于起步阶段、学习阶段，应当以引进消化先进经验为主。在实践中，我们也确实这样做了。首先是人才交流上的引进来，校园足球中已经有不少外教，也有不少足球教师出国留学，这是在人才交流上的引进来。其次是在思想和管理体制等方面的引进来，就是引进先进的足球训练思想和训练体系，以及先进的管理制度等。再次是在生态环境上的引进来，如何将校园足球的各生态层面的主体、资源等统筹协调，构建起从国家到地方，从地方到学校，从学校到教师，从教师到学生，从学生到家长的完整生态体系，这是校园足球发展的大问题，也是关键所在。

目前，我国校园足球的发展相对封闭，这与开放的理念是背离的，校园足球的发展应当突破校园的限制，让更多的人和机构参与到校园足球运动中来。校园足球活动中很少看到家长的身影，家长隐身于幕后，被学校隔离于校园之外。实际上有很多家长想参与到校园足球的活动中来，有家长想参与到训练中，有家长想参与到校园足球竞赛中，哪怕是只当班级足球比赛的教练或者观众，对一部分家长也是很有吸引力，毕竟陪伴自己孩子的成长，已经成为部分家长认可的理念。而一些工作或者机会对家长开放，既可以解决学校师资不足的问题，也可以更好地激发学生学习足球的兴趣，并形成重视足球的文化氛围。校园足球的发展还应当向社会进一步开放，与一些足球培训机构进行深度合作，利用一切可以利用的外部资源来发展校园足球。校园足球向其他学校开放、向家长开放、向社会足球培训机构开放，都是在开放理念的指引下，为形成共建共享的校园足球发展资源，为国家校园足球的发展和建设，汇聚向心力，达成共识度，发展建设性力量。

校园足球的开放，还应当包括校园足球活动向学校其他教师开放，而不是只由足球教师来推动。教师作为校园足球运动发展的主力军，既连接着学校管理层，又连接着家长和学生。他们是校园足球运动发展的中坚力量。如何发挥他们的力量价值，就成为校园足球发展的关键所在。校园足球活动向其他学校教师开放，已是在校园足球运动发展的中坚力量上下功夫，使这股力量能够在互动共享中形成发展合力，形成上通下达的正面力量，形成积极向上的进取力量。校园足球的可持续发展一定要取得其他教师，尤其是文化课教师的认同，大家形成合力才能建设好学校全员参与校园足球的文化。校园足球的目标、任务和意义是什么？这不能只是学校的足球教师自己探讨知道的事情，还要向其他体育教师和文化课教师开放，大家相互沟通和交流。只有开放，文化课教师才能认识到校园足球对促进学生全面发展的意义和必不可少；只有开放，足球教师才能理解文化课教师的诉求，才能主动将学生足球发展与文化课发展结合起来；只有开放，才能建立起学校教师和学生发展的共同体，才能使体育与智育达到互利共进。

五、校园足球发展的共享理念

校园足球的发展也应当践行共享发展理念，确保所有学生的足球学习机会，为全体学生提供包容和公平的优质足球教育，让校园足球惠及每一个学生。

校园足球是全体学生的足球，而不只是有天赋学生的足球，也就是说，校园足球是所有学生的足球，是所有学生都能享受到的足球。当前，足球课我们做到了面向全体学生，但是足球训练和竞赛还没有做到，我们的足球训练和竞赛大多针对是有天赋的学生，甚至班级竞赛也是足球技能掌握好的学生在参与。难道足球天赋不好的学生就没有参与足球训练与竞赛的兴趣和权利？难道足球天赋不好的学生参与足球训练与竞赛就没有意义和乐趣？所以，校园足球应当就当前的训练与竞赛模式进行创新，力争为所有想参与进来的学生全部提供机会，比如实行更灵活的训练时间安排，学生每周练一次、两次还是三次，都可以得到训练的指导。当然这种做法要求有更多指导者，这种情况下可以引进家长。

校园足球也不仅是校园足球特色校的足球，而是所有学校的足球。校园足球特色校只是过渡的方式，恰似经济建设领域"让一部分先富起来"的提法，目的是带动所有人共同富裕。校园足球特色校也是这样的功能，在校园足球开展上要起到带头作用，当好其他学校的领路人。无论是否评为校园足球特色校，校园足球的开展都应当给予支持和帮助。只有这样，才能实现一部分校园足球特色校先行发展起来，从而形成可复制、可借鉴的学习模式，比如在管理理念上，在发展规划上，在训练体系上，在竞赛机制上等。普通学校就能够通过向足球特色校学习和借鉴，从而基于自身的优势与发展理念，适度开展校园足球运动，最终形成校园足球运动的普及化与大众化，实现全民热爱、全民健身的体育锻炼的目的，构建起校园足球发展的从上到下、从社会到学校、从学校到教师、从教师到学生的完整的健康生态链。

第四节　校园足球可持续发展的途径

校园足球的可持续发展研究已引起相关学者的注意，并发表了一些相关研究成果，但从已有研究来看还处于起步阶段，在此对校园足球的可持续发展途径进行探讨，以期达到抛砖引玉的效果。

一、加强校园足球可持续发展理论与实践研究

全面推进校园足球可持续发展，需要各方的共同努力，形成校园足球可持续发展的共识，所以需要加强研究，这种研究既是理论上的，又是实践上的。从理论上来说，其价值是不言而喻的，实践一刻也离不开理论的指导，如果离开了理论，就会失去方向，产生盲目发展，从而难以在长远发展上取得实效。从实践上来说，理论一刻也离不开实践的滋养。理论要发展、创新，需要实践的丰富、启迪，以及实践的发展，任何理论都是从实践中得来的，不存在没有实践的理论。因此，校园足球研究既要坚持理论从实践中来，又要坚持理论到实践中去。在实践与理论的双向互动中，形成校园足球发展的具有生命力的理论。从理论与实践的研究层面，指出校园足球可持续发展的必要与益处，方式与方法等。校园足球可持续发展先要统一思想，形成校园足球可持续发展的合力，建立各方进行校园足球可持续发展的意愿。推进校园足球可持续发展还需要在具体操作方法上进行理论和实践创新，尤其是开展校园足球教学、训练和竞赛的创新研究，教学效率、训练效率不提高，竞赛方式不创新，难以达到可持续发展的要求。

在当前可持续发展战略成为国家的核心战略的前提下，校园足球发展有实施的前提和动力。可持续发展战略已经完成了从经济领域向社会其他领域的扩展，校园足球研究领域也有相关研究出现，但这些研究广度和深度皆不够，没有形成气候，没有对校园足球可持续发展形成多大的推动作用，需要进一步深化。首先，要探讨校园足球可持续发展的含义。这是因为只有明确了校园足球可持续发展的内涵，才能明确发展的目标、路径和方法等，它是校园足球可持续发展的前提和

基础，明确什么样的发展才是校园足球的可持续发展，在此基础上提出校园足球可持续目标。其次，要研究推进校园足球可持续发展的相关途径，明确怎样达到校园足球可持续发展。这需要研究者进行广泛的研究与讨论，在此基础上形成专业共识。在专业共识的基础上，才能使可持续发展的理念与路径最终落地，并且在实践中达成。否则，再好的理念与方法都只是空中楼阁，难以产生实际的效益。

校园足球实践层面在一些地区的发展已经具有了可持续发展的意味，成了校园足球可持续发展的排头兵。以北京理工大学为例，北京理工大学足球队总教练、足球名帅金志扬认为，北理工大学足球队存在的意义，就是告诉人们：踢球也能上大学，上大学也能踢球，中国足球就该走这样的模式。北京理工大学足球队队规规定：若球员一门不及格，就要停训学习；若两门不及格，就要退队。在这种"宽进严出"的理念下，队员们学习起来都很自觉。辛苦换来了回报，北理工足球队 15 名球员中有 7 个研究生，而整个北理工足球队里有近一半的人辅修了双学位。对这样案例，目前还没有人对其从可持续发展的角度进行看待，也就是说还没有得到充分的重视。下一步应当以校园足球可持续发展的观点分析这些案例。首先是采用社会科学的质性或量性研究方法，将观察与访谈、案例分析与理论研讨等研究方式结合起来，提升对校园足球案例研究的科学性，从而形成可持续发展的科学理论。其次是把案例中能促进校园足球可持续发展的理论概括出来，并进行大力宣传，通过开展访学、参观等有效交流方式，让理论界和实践者都能看到在实践进行校园足球可持续发展的可能与益处，使他们成为中国校园足球发展的楷模、镜子和方向。

影响校园足球可持续发展的重要因素主要表现在以下三个方面：一是校园足球教学方面各学段内容与目标不清晰，教学效果得不到保障。众所周知，从教学要素来看，包括教学目标、教学内容、教学主体（教师）、教学主体（学生）、教学策略、教学方法、教学管理教学评价等要素。教学目标和教学内容是其中的核心要素。这是因为，教学是师生围绕教学目标和教学内容展开的教育学活动。教学目标比较清晰，教学内容不明确，教学就没有方向感，教学主体就会产生盲目情况，教学方法就无从选择，教学评价就难以有效展开。因此，校园足球的教学目标和教学内容亟待得到有效确定。二是在校园足球训练方面，学生参与训练与文化课学习的关系没有理顺，不能做得到训练与文化课学习协同发展。如何处理好两者之间的关系，既需要从政策层面予以保证，又需要从学校管理层面予以协调，还需要学科教师之间进行有效沟通，更需要学生和家长予以理解与支持。只有这样，才能确保学生文化课学习与校园足球训练有序、协调开展。三是在校园足球的竞赛方面，从目前情况来看，众多赛事还缺少明确的育人功能，更多的是为比赛而比赛，简单地追求比赛胜负，而不是在比赛中增强学生对校园足球的认知、心理上的成熟发育、能力上的充分发展等。因此，难以对学生运动中的全面发展提供帮助。这些都是当前校园足球可持续发展要研究和探讨的问题。校园足球可持续发展的研究，必须以理论与实践相结合的方式进行，通过理论研究指导实践，通过实践中的案例强化理论，尤其要重视重点案例和重点研究的宣传工作。校园足球的发展理论要坚持从实践中来，也要到实践中去。这样才能真正促进校园足球可持续发展。

校园足球可持续发展研究，可在以下问题上下功夫。

一是如何确保学生在合适的发育阶段得到合适的足球教育。具体表现为，在小学阶段，不压榨学生的发展潜能，秉承适度发展的理念。在小学阶段重要的是兴趣与热爱。通过参与校园足球运动，增加对校园足球的理解，提升对参与校园足球的兴趣，形成长期关注和参与的热情，这是小学阶段校园足球发展的重点所在。在初中阶段，保护学生的发展潜力。一个人的潜力发挥是一个长期的过程，不可能一蹴而就，在初中阶段可以开展一些有强度的训练，但不宜为了比赛成绩等过度训练，对学生潜力进行破坏性开发，这样不利于学生的长期发展。在高中阶段，发展学生的潜力。高中阶段学生发育趋于成熟，智力上的成熟能够帮助他们进行更好的判断，身体上的成熟使他们有更多精力参与校园足球运动，情感上的成熟使他们在对校园足球的态度上更为理性。在大学阶段，需要满足学生的多元发展要求，充分展示学生的发展潜力与天赋，使他们走出自己的发展之路。

二是如何确保学生的足球运动技能与体育精神共同成长。校园足球运动的一个基本问题就是学生的体育技能通过训练等方式得到增强，而最宝贵的体育精神却未能随之成长。这导致校园足球队员的运动水平与综合素养不能得到协调一致的发展。这种片面化的训练和成长，使学生在校园足球运动中难以得到长远的发展，取得更大的人生成就。三是如何确保学生足球成绩与文化课成绩和谐共进，学生足球技能和发展不能以牺牲学生文化课学习作为代价，不能牺牲学生的全面发展为代价，不能背离教育的目标——促进学生的全面发展。

二、制定促进校园足球可持续发展相关制度

校园足球制度涉及国家、地方和学校三个层面。其中，国家层面是主导层面，对校园足球的全国可持续发展起决定作用。这是在校园足球发展过程中各方必须取得的共识，也是校园足球科学发展的根本保证。而地方和学校具有一定的自主性。这种自主性体现在国家制度的基础上，从本地区的实际情况出发，制定适合本地方和本学校的校园足球相关制度。这对某一地区和具体学校的校园足球可持续发展起关键作用。同时，也对其他地方和学校具有借鉴作用。

如前所述，影响校园足球可持续发展最重要的阻碍，是校园足球中不重视文化课学习，所造成的育人不全面，不能为社会输送有用人才的现象。

在大力推进校园足球发展的背景下，2018年全国青少年校园足球工作领导小组办公室发布了《关于全国青少年校园足球夏令营活动规则与运动员等级认定的通知》，校园足球开始实施夏令营优秀运动员获评国家相应等级运动员制度。全国校园足球夏令营总营各组别最佳阵容将被认定为国家一级运动员，省级校园足球夏令营各组别最佳阵容将被认定为国家二级运动员或国家三级运动员。将校园足球纳入升学激励体系，可谓用心良苦。这个激励政策有利于为优秀苗子打开上升通道，从而推动国内校园足球的发展。这个激励政策能让更多的学生运动员获得运动员等级证书，让更多的运动员有报考普通高校高水平运动员的资格。但如何实现优中选优，需要普通高校高水平运动员招生制度的保障。

校园足球想要实现可持续发展，必须能促进学生的全面发展，不能对参与校园足球的学生和家长造成长期的伤害，不能为社会环境造成负面的影响，不能产出对社会没有积极作用的人，要培养文体双优的学生运动员。要想培养文体双优的运动员，就要从普通高校高水平运动员招生制度来引领发展的方向。改革的方向主要体现在以下三个方面：

一是全面提高对运动员文化课测试成绩的要求。这是实现校园足球运动员全

面发展的"硬道理",无论如何发展,不在学习成绩上提高要求,就不会得到有效重视,就不会实质性地促进相关政策改革,不会提升教师、家长和学生对全面发展的深刻认识,也不会真正实现校园足球运动员的全面发展。

二是试行不同高校的差异化招生制度。差异化招生的目标在于实现因材施教。即根据学生发展的不同水平和不同特质,提供不同的发展渠道,为长远发展提供最佳的学习资源,从而更有力地助推其成为全面发展的、对国家和社会发展有更大价值的人才。

三是对文体双优运动员实施奖学金激励。这是对学生全面发展所提供的一个政策导向,也是目标导向,使学校、教师、学生和家长都充分认识到学生全面发展的未来政策趋势,从而引导各方达成共识。全面提高对运动员文化课测试成绩的要求,可将二级运动员的文化课成绩全面提高到生源省份本科第二批次录取控制分数线,而一级及以上则提高到生源省份本科第二批次录取控制分数线的65%。

试行不同高校的差异化招生制度是指在高水平运动技能测试过关的学生,学校可根据自愿的原则进行两种形式的录取,一种按文化课成绩,另一种是按体育成绩录取,把选择的自主权交给学校,形成发展的多样性,学生也能进行多样化的发展。对优秀文体双优运动员实施奖学金激励,一是为了激励运动员训练、学习两不误;二是为了树立好的典型。这些制度如果能得到推行,将对校园足球的可持续发展起推动作用。

除了普通高校高水平招生制度的改革外,其他一些制度也应当向培养学生文体双优来改革。例如,每次大型校园足球训练营,都应有营员进行学习经验的分享,树立好的榜样,让更多的学生和家长看到学习与训练是如何平衡和相互促进的。这就是在制度设计的基础上,形成一种价值引导和理性共识,从而逐渐形成一种全社会、全学校、全体教师、全体学生和全体家长的基本共识。学校也应当制定相应的训练制度,对学习不达标的学生运动员实施停训。只有校园足球从各种制度上体现出一种重视学生运动员文化课学习的态度,校园足球的可持续发展才能走上快车道。

三、建立校园足球可持续运行机制

校园足球发展中存在局部利益和整体利益，也存在短期利益和长期利益，学生足球技能的提高是局部利益和短期利益，学生的全面发展是整体利益和长期利益。这一认识大家都认可，但在当前环境下却很难做到，想要实现校园足球的可持续发展，除了制定利于校园足球可持续发展的制度外，还要建立相应的机制，来保障理念的执行。完善校园足球可持续发展运行机制，有利于校园足球可持续发展制度体系和方法体系的完善和校园足球各参与主体可持续发展理念和目标的转变完成，这是一个长期的过程。

校园足球可持续发展运动机制主要有校园足球的竞争机制、激励机制和保障机制。在这三个机制中，校园足球的竞争机制是前提和基础，校园足球激励机制是引导和促进，校园足球保障机制是关键和必要。这三个机制协同发挥作用，才能有效促进校园足球运动的科学、健康发展。因此，这三个机制不仅存在于校园足球提高层面，也存在于校园的普及层面。这三个机制之间是相互配合，相互协调的关系。

在校园足球发展中，要建立明确的竞争机制，实现优胜劣汰。实现优胜劣汰的前提是要明确校园足球什么是优，即明确优的标准。如果标准不明确，就难以取得共识，也就难以有效开展相关活动。对什么是好的足球教学，什么是好的足球训练，什么是好的校园足球发展学校，国家应当集合各方面力量进而研究梳理，然后再进行评选，根据评选结果对命名学校优胜劣汰。不断地开展评选，引导校园足球学校进行充分认识、努力践行的过程中，就会逐步形成共识，为依据标准进行教学做好准备工作，进而引导校园足球学校按照标准开展教学活动。

关于什么是好的能带动校园足球发展的体育教师方面也没有标准，是能带队出好成绩的体育教师，还是既能带队出成绩又能促进学生运动员文化课学习的教师，又或是能上好校园足球课的教师。这也是亟待深入研究和解决的一个基本问题。此外，关于什么是好的足球课，目前也没有标准，也缺乏相关案例，所以还需要加强研究。比如，好的足球课是目标评价，即确定全面发展的育人目标；还是内容评价，即选取适合学生发展的校园足球运动内容；还是标准评价，即依据一定的评价标准确定足球课的优劣；还是综合评价，如果是综合评价，评价的指标是什么，评价指标的权重如何确定；等等，这些都是需要深入研究的。关于学生，主要是好的学生运动员方面。校园足球可持续发展应当培养文体双优的运动员，所以什么样的运动员应当持续训练，并加以表扬；什么样的运动员应当停训，需要集中教导这些都要给予明确。

在校园足球发展中，激励机制要和竞争机制协调，共同促进校园足球的可持续发展。校园足球中的激励机制主要是激发处于校园足球的体育教师、学生和家长的积极性。首先，体育教师没有积极性校园足球发展就失去了推动力。他们可能将更多的时间和精力投入他用，而不是投入在校园足球上面。如果激励机制能够发挥良好的作用，就会激发出足球教师更大的积极性和内在潜力，全身心地投入到足球教学和训练之中，不断提升自我学习能力和教学能力，不断提升校园足球的教学水平和训练水平，为取得更大的成绩而努力，从而促进自己的发展和学生的成长。其次，学生没有积极性校园足球就没有活力。学生的积极性主要表现在对足球的学习态度上面，如果态度消极，在学习和训练中就是消极懈怠，如果态度积极，就会在学习和训练中主动作为，想办法勤奋进取。再次，家长没有积极性校园足球发展就会遇到阻碍。家长是学生成长的坚强后盾，他们的想法和决定对学生的发展具有重要的影响作用，甚至起决定作用，尤其是对低年段的学生而言。如果家长的态度积极，他们就会支持学生的决定，就会支持学校和足球教师的决定，并给予时间、精力乃至经济上的支持。

在明确好的体育教师和好的校园足球优秀学生的基础上，再去制定好的激励制度和好的宣传方式。在校园足球可持续发展中不仅需要激励好的体育教师和学生，更应当做好宣传，让德才兼备的体育教师和文体双优的学生成为榜样，得到普遍的认可。从目前来看，对学生最有激励作用的是普通高校高水平运动员招生制度，这一制度的制定是激励机制的重点。因此，如何发挥好和完善好这一激励制度，是需要我们深入研究的一个问题。

校园足球的保障机制，主要是为校园足球活动提供物质和精神条件的保障的机制。对于校园足球的保障机制而言，首先要保障校园足球的场地器材。这就需要坚持多方面投资的理念。一方面，国家、地方和学校的教育投资要向校园足球倾斜；另一方面，要引入社会资金。随着中国经济的发展，很多企业和事业单位为获得更好的发展空间，或是为推动社会发展进步，都有比较充足的资金用于其他社会事业发展。校园足球发展就是其中重要的一项。因此，如何多方面调动社会资源，吸引社会资金进入校园足球规划和发展中来，是一项重要的学校课题，也是一项重要的社会课题。此外，还要加强校园足球教学与训练辅助器材的研发工作，让更多、更好、更有趣和更有效的器材进入到校园足球中，全面保障提高校园足球的教学和训练效果。这就需要加强引导，一是引导校园足球相关研发企业，实行体验式开发，即将开发的产品让足球学校试用试行。二是引导校园足球学校在教学与训练器材上引导各方利益主体参与，包括社会企业、教师、学生和家长。三是加大对相关研发队伍和企业的支持力度。在社会发展机制允许的条件下，引导相关企业不断优化产品，丰富产品种类。校园足球的保障机制应当能保障参与校园足球的教师和学生的利益，保障了教师和学生的利益也就保障了学校和家长的利益。教师的利益包括个人价值的实现和个人职称的评定，学校应当保障对校园足球有所付出、有所贡献的体育教师在职称评定上得到应得的重视。体育教师的职业发展是校园足球保障的一个重点，主要是为体育教师提供培训的机会与平台、交流的机会与平台，让体育教师的校园足球教学技能在整个职业生涯都能得到不断提高的保障。只有这样，才是为校园足球教师解决了他们的职业发展的提升渠道，才能激发他们更大的积极性和自主性，从而使他们更加努力和认真地投入到校园足球的教学和训练之中。学生的利益包括参与校园足球的权利和在足球与文化课学习两方面都获得成功的权利，学校要创造制度和办法促使学生发展的利益得到保障。只有保障了学生的利益，才能获得学生家长的有力支持，才能为校园足球发展创造有利的空间。

第八章　校园足球"学训矛盾"生态学分析

校园足球的发展过程历程虽然不长，但也有一些问题产生。这些问题，有的是校园足球本身所产生的问题，有的是校园足球发展的环境问题。但是，这些问题都需要认真对待，都需要给出解决方案，并得到合理解决。本章以校园足球中的"学训矛盾"为研究点，提供一个校园足球问题的生态学分析案例。

第一节 "学训矛盾"的生态危害

"学训矛盾"是传统三级训练网体制下的现象和提法。传统三级训练网体制下大部学生运动员的文化课成绩较差，传统观点认为成绩差的原因：青少年运动员既要学习文化课，又要进行运动训练，但人的精力是有限的，所以在客观上形成了文化学习和运动训练的矛盾。传统三级训练网体系中，"学训矛盾"一直没有解决好，因为传统训练系统中基本上唯竞技成绩论，训练又强调大运动量，所以训练时长较多，文化课学习时间少，也不够重视文化课成绩。校园足球运动是新生事物，是体教融合的实验，其出发步点就是想培养体智双优的学生，避免传统训练体系中与青少年运动中文体课成绩不好的难题，但在实践中校园足球仍被认为存在"学训矛盾"现象。从生态学的视角看，"学训矛盾"在校园足球不能说是一种现象，应当说是一种观念、一种刻板印象。但就是这一没有理据支撑的观念极大地危害了校园足球生态。

一、"学训矛盾"伤害了学生运动员本身

"学训矛盾"的观念已经传导到校园足球，在参与校园足球的活动的过程中，无论是教师还是家长大都认为参与足球训练会影响学生的文化课学习，而学生受到教师和家长的影响极大，也会被动认同这种观念，在头脑中产生了自己文化课学习难以学好的观念。在教师、家长和学生共同参与"足球训练的学生难以学好文化课"的观念下，老师、家长和学生自身都降低了文化课学习的期望，那么后果就是学生的文化课成绩明显下降，这难道不是"罗森塔尔效应"在校园足球中的又一个案例？其实造成学生学习成绩不高的，并不是参与足球训练，而是教师和家长的低期望，而学生是这一现象的主要受害者。

中小学期间校园足球的学生运动员难以成长为德、智、体皆优的学生，缺少成为班级或学校楷模的机会。参与足球训练的学生，在文化课学习上得到的是低期望，导致学生对自己文化课学习的信心和意愿不足，而信心和意愿不足则造成

了事实上的文化课成绩下降。在中小学校园足球实践中，有的学校足球校队整体学习风气都不好，想要努力学习文化课的学生甚至被教练和同伴嘲笑和讽刺，认为他们是在做无用功，或者是为了逃避训练找借口。这样的环境下校园足球的学生运动中很难出现德、智、体皆优的学生，而只有德、智、体皆优的学生在普通学校中才能成为学生的楷模，才能得到其他老师和学生的尊重和喜欢。

大学期间校园足球的学生运动员在专业选择上缺少自主权。大部分校园足球的学生运动员文化课成绩比较差，在高考中不能取得较好的成绩，很多都不能达到所在省二本线，虽然他们因为足球运动技能较高，但在专业选择上却受限较大，并不能自由地选择所上高校的所有专业。这样的状况并不能责怪高校，高校也是基于学生文化课基础做出的选择，有些专业对文化课基础差的学生运动员来说确实存在难度，即使同意学生运动员选择了这些专业，毕业也是问题，所以只能挑一些毕业难度小的专业来让学生运动员选择。这样的形式对学生运动员来说并不友好，一般学生到考大学时才会考虑专业问题，但直到此时学生运动员才意识到自己并不能上自己喜欢的专业。而上了自己并不喜欢的专业，也会影响学生的学习和毕业。

校园足球的学生运动员，大学毕业后发展空间受限。一方面是校园足球发展过程中不可避免产生的问题，需要在以后的发展过程中及时地调整和解决。另一方面也是校园足球运动员自身原因所导致的问题。主要表现为在成长过程中，有的校园足球运动员受到一些不正确思想的影响，在个人全面发展上认识不足做得不够。校园足球的学生运动员因为专业受限，所以毕业后的工作也受限。这使得他们中的大部分难以从事与体育，或者更准确地说与足球运动相关的工作。有一部分运动员从事了和大学所学专业并不相干的工作，但无论什么样的工作都需要学习能力、适应能力和创新能力。文化课基础差应当说是校园足球中学生运动员的硬伤，这让他们在工作岗位上面临更多困难，需要付出更多努力。这方面有很多案例和许多很深刻的教训。

在校园足球运动中，没有上大学的学生更是在社会竞争方面处于不利局面。能上大学的校园足球运动员应当说是发展得不错的，而那些没能考上大学的学生运动员则面临更大的生活困境。如果不能从事与足球相关的事业，则在就业上缺少竞争力，不能够有一个有保障的高质量生活。而这种社会生活的艰辛则是由于他们从小参与足球训练所造成，这会伤害他们对足球的感情。这种伤害不仅是对他们的，也是对整个校园足球发展。因为他们在自己成为家长后，也不想让自己的孩子再从事校园足球的训练。虽然这样的情况还不多，因为毕竟校园足球的历史尚短，但在传统的足球训练体系中，已有大量的运动员坚决不让自己的孩子参与足球训练，这是一个不争的事实。在这个意义上，足球运动发展和学生成长之间形成了相互伤害。

二、"学训矛盾"影响了普通学生参与

"学训矛盾"影响了普通学生参与校园足球的兴趣。小学阶段的学生普遍对足球充满兴趣，但随着进入中学，参加校园足球的兴趣却减少了，究其原因受教师、家长和自己所见所影响。进入中学文化课学习负担加大，家长和教师又受应试教育的影响，对普通学生的文化课学习更加看重，总是担心学生参与体育运动会影响文化课学习，所以对学生参与校园足球就不再是支持态度，这就会对学生参与校园足球的兴趣产生消极影响。而在经过一些家长的长期劝解和深思熟虑之后，有很多校园足球运动员放弃在足球方面的发展，转而进入普通学生行列，全身心地投入到文化课的学习之中。而一些坚持自己想法的学生，在进入中学后因为受到各种因素的影响，通常参与足球训练的学生文化课学习态度和成绩会和普通学生拉开差距，会成为班级中学习的不利因素，也会影响普通学生参与校园足球的兴趣。如果形成不良的循环，就将导致校园足球生态的整体引向不良的发展轨道。

"学训矛盾"影响了普通学生参与校园足球训练的机会。小学阶段无论是校园足球的教学、训练，还是比赛，基本上都能得到支持。但是一旦进入中学，教师和家长思想中弥漫的"学训矛盾"观念开始产生影响，大部分学校和家庭开始限制学生参与校园足球活动，尤其是参与校园足球训练更是受到拷问，如果不是学习基础不好，很少有家长和教师会支持学生继续参加足球训练。其中一些学习和运动技能都好的学生，本来对校园足球训练有兴趣，想在不影响学习基础上参与校园足球训练，但是家长和教师不相信学习和训练可以兼得的可能性，基本上

会终止学生的足球训练，这样会造成中学参与足球校队训练的基本上都是学习不好的学生。这样的现象把一些真正对足球有兴趣，并且有希望发展成体智双优的学生的学习机会给扼杀了。

"学训矛盾"影响了普通学生体智双优的达成。受"学训矛盾"观念的影响，大部分校园足球队的学生文化课成绩不好，这会让人们怀疑体智双优是否能达成，参与体育运动是否能促进文化课的学习。虽然教育理论强调适当参与体育锻炼会促进学生的学习，实践中也涌现出一些足球踢得好学习也好的学生，但毕竟是少数。如果校园足球队的学生学习成绩很差，那么学校中的普通学生就很难以相信体智双优达成的可能，就会认为搞体育的学生特点就是头脑简单，四肢发达，从而会对参与校园足球活动产生一定的抵制情绪，进而使学校的全面育人目标的实现出现困难。这是需要认真面对和解决的一个问题。

三、"学训矛盾"使校园足球得不到家长真心支持

如果校园足球能解决"学训矛盾"，相信很多家长都会支持校园足球活动的开展，毕竟没有哪个家长不希望自己的孩子在健康成长的基础上，还有好的学业发展。但现实是目前校园足球"学训矛盾"解决的不好，使家长也认同了校园足球"学训矛盾"存在的事实。既然家长头脑中有了"学训矛盾"的观念，那么在是否支持自己孩子参与校园足球训练上就要做相应的考量，自己的孩子是否适合当前的校园足球训练环境，自己的孩子是通过校园足球能考上理想的大学，还是通过单纯的文化课学习机会更大。目前家长的出发点，很少是以学生的兴趣为主，主要是以升学为主，所以，家长通常的做法是到中学后让孩子退出校园足球训练，而专攻学习。

一直支持学生参与校园足球训练的家长也对"学训矛盾"有意见，虽然他们已经接受了"学训矛盾"的观念，但是他们更期望自己的孩子能达到体智双优。如果自己的孩子在学校的帮助下做到足球技能和文化课成绩共同提高，那么就意味着既使学生不通过足球也能上一所比较好的大学，那么家长将会更加支持校园足球发展。一旦自己的孩子足球成绩并不理想，或者足球成绩尚可，但文化课成绩极差，而没有考上理想大学，那么这部分家长就会立即转变为校园足球发展的

反对者，他们会向周围的人表达不要参与校园足球训练的观点，只要校园足球伤害了家长，家长就会反过来伤害校园足球。

四、"学训矛盾"不利于足球教师的专业成长

"学训矛盾"在校园足球中的现实存在，影响了足球教师的专业尊严。足球教师的专业尊严首先在于专业自信，专业自信来源于专业价值的实现。"学训矛盾"对学生所造成的伤害，对足球教师来讲就是教育的失败，称不上对学生实施了成功的足球教育，没有完成学校教育的目标。校园足球培养出来的人才与学校教育培养目标不符，得不到其他教师和学生家长的认可与尊重，那么足球教师的专业尊严就得不到保证。"学训矛盾"的存在说明，足球教师的专业素养存在问题，没有解决好训练与学习的矛盾，足球教师要负主要责任。足球教师不应当只是足球技能掌握得好的教师，更应当是教育技能掌握的好的教师，是能促进学生全面发展的教师。如果足球教师在足球教学与训练中能做到促进学生的全面发展，那么足球教师就能更容易体验到专业尊严。

"学训矛盾"在校园足球中的观念存在，不利于足球教师专业素养的提高。足球教师一旦在思想上接受了"学训矛盾"的观念，就会认为参与足球训练的学生文化课学习成绩不好是正常现象，并不需要足球教师自身做出什么改变，这种情况下足球教师认为并没有必要走出舒适区，还是按传统的方法对学生进行教学和训练。而教师的专业素养想要提高，必然要有走出舒适区的意愿和行动，只有想走出舒适区，才会去学习新的足球教学和训练理念与方法，才会探寻如何提高足球教学和训练的效率，才会研究如何通过足球教学和训练去对学生的文化课学习做到促进。"学训矛盾"的观念限制了足球教师成为一个优秀的教育者，限制了足球教师成为一个高效的足球指导者，阻碍了足球教师对校园足球价值的充分实现，是足球教师专业发展的桎梏。

"学训矛盾"的存在消削弱了校园足球教师的专业自主权。足球教师的专业自主权是教师的法定权利，但在现实中足球教师的专业自主权却因"学训矛盾"的存在而受到了挑战。正是因为"学训矛盾"的存在，加剧了体育课与文化课的

对立，学校足球的教育价值被低估，导致体育教师"被生病"；学校的足球竞赛活动，并不是从足球教师专业考量的角度出发，而是根据领导的意图做出安排；学校体育课的安排，体育教师没有多少权利，主要是取决于文化课老师的安排。正是因为"学训矛盾"的存在，校园足球教师才被轻视，外出参加培训和进修远不如文化课教师那样容易，虽然在国家的大力支持下有所改观，但足球教师的专业发展权利仍没有得到充分重视。

五、"学训矛盾"影响学校全面育人目标的实现

校园足球中"学训矛盾"的存在影响学校体育教育目标的实现。校园足球是学校体育教学改革的排头兵、先行船，校园足球要是搞不好，会影响校园足球篮球、校园排球、校园网球等的推进和成效。校园足球中"学训矛盾"没有能很好解决会让学生、家长和文化课教师不满，会让基层学校管理者对校园足球和学校体育失去信心，会让学校体育教学改革的环境变得更不好，造成学校体育教学改革的动力和意愿不足。校园足球中"学训矛盾"的存在，是对体智双优的负面表达，是对学校体育功能的异化，势必整体上影响学校体育的声誉和校园足球改革的推进，不利于学校体育教育目标的整体实现。

校园足球中"学训矛盾"的存在影响学校美育教育目标的实现。校园足球是学校体育的排头兵，学校体育又是学校美育的领路人，学校美育正在跟随学校体育的步伐，在学校教育中受到越来越多的理论重视，但这种理论重视只有转变为实践，才能真正达到目标。实践上对学校体育和学校美育的不受重视，和学校教育整体的功利化教育环境有关，但也与学校体育和学校美育并没有多少相互结合，少有和学校智育达到相互促进有关。学校体育培养学生的健康体魄，通过培养健康体魄为学生的文化课学习打下坚实基础，甚至可以利用体育教育人的手段实现学生文化课学习意愿的提升，但现实中校园足球的"学训矛盾"的存在，却导致了相反的功效，从而造成了学校体育和学校美育教育目标的实现。

校园足球中"学训矛盾"的存在影响学校全面育人目标的实现。我国学校教

育是全人类的教育，是全面的教育，是每名学生在德、智、体、美、劳五个方面都得到较好发展的教育，是培养社会主义建设接班人的教育。这是我们的教育愿景。全面发展与"五育融合"是基础教育高质量发展阶段的时代主题。学生全面发展，才能成就未来建设国家和社会的大业，"五育融合"才能成就学生的全面发展。这是学校发展规划愿景的必由之路。但这一愿景在现实中受到了挑战，比如，现实中一个学生要么足球好，要么文化课学习好，两项皆好者太少了。二项并育在实践中都如此困难，那么"五育并举"又将会有多少难关，又能受到多少人的真正重视呢？所以说，校园足球中"学训矛盾"不仅影响了学校体育教育目标的实现，也会影响学校美育的改革，最终会影响学校全面育人目标的实现。

第二节 "学训矛盾"的生态学分析

"学训矛盾"在我国三级训练网体系中长期存在，现在校园足球训练中仍未能真正解决，其背后存在复杂的、相互纠缠的多元因素。已有研究大都从体育学的视角对这"学训矛盾"的成因进行研究，其视域不宽，不能充分挖掘出"学训矛盾"产生的根源，不利于"学训矛盾"的解决。生态学的视角是整体的、系统的、多元的视角，对"学训矛盾"进行生态分析，可获得更为全面的认识。"学训矛盾"的生态分析包括"学训矛盾"的生态环境因素分析、生态主体因素分析。

一、"学训矛盾"的生态环境因素分析

"学训矛盾"主要发生在人类社会中，因此主要受校园足球生态环境的社会环境和规范环境的影响，自然环境对其影响较小，分析时可以忽略。

（一）社会环境分析

校园足球的社会环境是嵌套型的多元环境，嵌套型的多元环境对"学训矛盾"的产生和发展有着不同的影响。

1. 学校体育环境对"学训矛盾"的影响

学校体育属于校园足球的小社会环境，是影响校园足球发展最直接的环境因素。长期以来，学校体育发展在我国处于较为不利的地位，理论上较受重视，但现实中常常被忽视，在学校教育中整体上处于弱势地位。处于弱势地位中的学校体育，造成了学校体育教师自身专业价值感和专业追求较低的局面，这种较低的专业价值感和专业追求不利于体育教师沉下心来进行教学和训练研究，导致我国目前学校体育教学和训练理论与实践水平一般。

学校体育中的训练效率低下，导致学校体育中的训练大多存在过度训练的现象，进而影响了学生的文化课成绩。学校体育中的过度训练源于竞技体育中的过度训练。我国传统的三级训练网体系，是以提高竞技能力为主要目标，以"三从一大"为训练原则，这一原则确实为我国竞技体育的发展带来一些好的成绩，但

是坚持的过程中也有一些不好的影响存在。比如，运动员普遍的没有时间或者精力进行文化课学习，导致普遍文化程度较低。这种影响对学校体育来讲是不能忍受的，学校体育无论是教学还是训练都是与竞技体育有区别的，学校体育是学校教育的有机成分，实现全面育人是学校体育的唯一目标。而源于竞技体育的训练方式对全面育人的促进作用并不明显，显然并不适合学校体育。但学校体育却并没有自己的训练理论，也就是说，当前我国只有竞技体育训练学，而没有学校体育训练学。认真分析起来，体育训练学和学校体育训练学是有根本不同的。主要表现在以下三个方面：一是参加学校体育训练的学生多是未成年人，学习和成长有着阶段性的发展规律。因此，学校体育训练需要以学生成长规律为基础，开展体育训练，才能成就学生的美好未来。二是学校体育训练应当以全面育人为追求目标，而不是单纯地追求竞技成绩为目标。三是学校体育训练应当与德育、智育、美育、劳育相结合，学校体育训练让学生运动员积极主动地去学和训，从而提高训练效率。同时，也要注意体育与其他"四育"的协同推进。

学校体育中存在的过度训练现象与体育教师本身的专业技术和教学技能有较大相关。学校体育教师本身的专业技能不如竞技体育中的教练专业技能水平高，同时教学技能也没有能得到充分发展，所以对竞技体育中的训练理论存在盲从现象也就不能见怪了。体育教师的专业技能在一定程度上低于竞技体育中的教练水平，这是不争的事实，也是正常的现象和可接受的现象。但体育教师的教学技能不如竞技体育中的教练却并不是正常现象，应当给予解决。只有重视学校体育教师教学技能的培养，学校体育教师才能有信心、有能力去建设学校体育训练教学。但这种对体育教师的高要求却又受到学校体育处于弱势地位的影响而难以达到。

2. 学校教育环境分析

学校教育环境在校园足球中是比学校体育更外一层级的生态环境，与校园足球的联系程度不如学校体育，但事实上却是对校园足球影响最大的环境因素。在现实中，仍有部分学校不重视学生的体育活动，甚至随意取消体育课，导致体育课没有开好、开足。虽然并没有证据表明开好开足体育课会对学生文化课学习产生不好影响，但是这一事实却被学校忽视，这种理念让学校和教师的视野受到限制，看不到体育活动对学生长期发展的好处，也看不到体育活动对学生精气神的影响，进而间接地促进学生的文化课学习。这样的环境对校园足球发展来讲，存在着一定的负面影响，甚至在一定程度上制约了校园足球的发展。

教育的目标是培养全面发展的人，那么对学校和教师的评价应当是看谁培养的人才更适合这一要求，只有教育评价和各方面专注于培养全面发展的人，作为学校教育重要一环的学校体育才能会真正受到重视，校园足球的发展才会有健康的土壤，学习和训练不再是对立面，两者间产生矛盾的基础也就不再存在。

3. 社会环境分析

社会环境是校园足球发展的大环境，国家的政治、经济、科技等的现状和发展会为"学训矛盾"的产生和解决提供阻碍或助力。"学训矛盾"产生的根源是学习和训练的效率不高，从而形成了两者在时间与精力上的竞争关系。以校园足球训练为例，提高训练效率需要相应的物质保障。当前，我国中小学普遍存在体育场馆不足的现象。没有充足的场地，一些先进的训练手段就没有办法实现，没有充足的场馆，训练容易受天气因素影响，也会影响整体训练效率。当前，我国的社会经济得到了较快的发展，新建学校应当做好体育场馆的配套工作，将体育场馆的建设当成头等大事对待，这需要国家政府部门对此高度重视，并出台相应政策。此外，要加大公共体育场馆的建设力度并对中小学开放，为现有学校解决场馆不足问题。

社会经济的发展，为学习与训练提供了更为先进的手段，尤其是现代信息技术的发展，让学习与训练变得更加便利和高效。传统的校园足球强调统一的训练。与此不同，随着现代信息技术的应用，基于现代信息技术的校园足球训练可以更加碎片化和个性化，即可以根据学生的学习时间和训练时间，为学生发展量身打造成长计划，进而促进学生更为自主、自学的训练，从而提高训练的效率。基于现代信息技术的训练还可以使训练更为科学，新的现代化手段可以更好监督学生训练，可以为训练提供更好、更及时的反馈。当前，应当对基于现代信息技术的足球训练加大科研力度，为校园足球的训练替代更好的助力，让学生练得科学、高效、有趣味，为学生的健康成长助力。

社会的发展还能为"学训矛盾"解决提供更好的心理环境。当前社会已经进入信息化社会，信息传播更为方便和快捷，校园足球的发展应当充分利于这一手段,大力传播校园足球训练中体智双优的典型案例和经验,让社会上认识到学习与训练并不是天生的矛盾,可以做到足球训练和文化课学习的共同进步与全面发展。

(二)规范环境分析

校园足球中"学训矛盾"的规范环境,主要是弥漫在校园足球、学校体育、学校教育和社会中对学习与训练关系的认识和看法。现实中无论是校园足球和学校体育,还是学校教育和社会对学习与训练关系的整体观念是高度一致的,即皆认可学习与训练存在天然的矛盾,体育与智育两者难以兼得。

正是对学习与训练关系的不正确认识,才导致和加剧了校园足球中"学训矛盾"现象。无论是家长、校长、教师还是学生本身,皆受到弥漫在周围的体育与智育不可兼得的心理氛围影响,从而在校园足球中天然认为学习与训练存在矛盾,甚至认为学习与训练只能二者取其一,想要得到好的训练成绩必须舍弃文化课学习,而想要在文化课学习取得成功则不能参与校园足球训练。这种想法,起初存在于家长、教师之间,最后学生自身也被影响,也产生了同样的想法,而这样的想法,则造成了"学训矛盾"的现实。也就是说先有"学训矛盾"的想法,才有了"学训矛盾"的结果。"学训矛盾"并不是天然的,而是人为制造的,因此是可以人为改变的。

二、"学训矛盾"的生态主体因素分析

"学训矛盾"的生态环境是通过影响生态主体来产生最终的影响,对生态主体的进一步分析能更好地认清"学训矛盾"产生的根源和解决的限制。

(一)管理者分析

管理者并不是校园足球"学训矛盾"产生的直接因素,而是加剧"学训矛盾"的推动者和改变"学训矛盾"主导者。从加剧"学训矛盾"推动者的角度来看,如果不能科学、深刻地认识到"学训矛盾"产生的问题根源,不能深刻理解当前教育教学改革的发展趋势,管理者就可能成为"学训矛盾"的助推器,难以实现问题的有效解决。从改变"学训矛盾"的主导者来看,如果管理者顺应教育教学

改革发展趋势，充分利用国家和社会为校园足球运动所创造的大好发展机遇，整合相关教育教学资源，就能够在一定程度上解决"学训矛盾"问题，从而实现"学训结合，协调推进"的良好局面。

教育的管理者既是学校教育的管理者，又是校园足球的管理者，教育管理者并不直接参与学生的学习和训练工作，但是深刻影响教师的想法和行为。功利化的社会和教育，造成了功利化的教育管理者，教育部门曾在一个发展阶段引入了功利化的绩效管理，以升学率来考核学校，以学业成绩来考核教师。这种以升学率和学业成绩为主的绩效管理，导致学校和教师背离教书育人的本质，将重心转移到升学率和学业成绩上来，忽视学生的身心健康发展。从全面发展的观点看，校园足球中的学习和训练并不存在矛盾，但从体育教师和文化课教师各自的绩效考核来看，却又存在很大的矛盾。无论是体育教师还是文化课教师都关注自己所教课程学生的学业成绩，都想学生在自己的课程上投入更多的时间和精力，最后导致各科作业越留越多，而足球训练也想再增加时间，因此矛盾自然出现。

校园足球中"学训矛盾"解决的关键，在于管理者认识和行为的改变，没有管理者认识和行为的改变，"学训矛盾"的解决终将成空。当前的教育管理在变相地鼓励学校和教师各自为战，鼓励学校和教师之间展开竞争，而不是相互协作，共同促进学生的全面发展。只有对学校和教师的评价不再以升学率和学生分数为指挥棒，而以促进学生全面发展为标准，学校和教师才不会这样的功利，也就不会各自为战了，而会更多考虑各科之间的协同，考虑如何提高自己的效率，而不再是单纯竞争学生的时间和精力。

（二）教育者分析

在这里探讨的教育者主要是指体育教师和文化课教师。教育者是校园足球"学训矛盾"产生和解决的最直接、最关键的要素。校园足球中的"学训矛盾"，可以看作是体育教师和文化课教师之间的矛盾，体育教师和文化课教师之间的对立。现实中体育教师和文化课教师通常是对立的，一方面，文化课教师总是认为学生参与训练会影响学习，因为学生参与训练将会减少文化课学习的时间，而文化课教师认为学生学业成绩的提高只有靠多刷题才能达到；另一方面体育教师也想学生有更多的时间投入足球训练，体育教师认为学生只有更多时间投入足球训练才能有更好的足球成绩。体育教师和文化课教师总是在竞争学生的时间，而没有考虑相互之间的协同，没有考虑如何节省时间、提高效率，让学生足球技能和学业成绩双双提高。

无论是题海战术还是过度训练，都是过时的理论，是被唾弃的理论，是对学生健康成长有所损害的做法。抱着题海战术和过度训练思维的教师应当说是受到教育功利化思想影响较为突出的教师，是难以为学生长远发展考虑的教师，不是从学生身心全面发展角度出发的教师。在这样的学校发展环境中，校园足球中的"学训矛盾"就在较大程度上会出现，而难以得到有效解决，只有教师转变想法，从全面发展、提高效率的角度去探索教育问题，校园足球发展才能实现从"学训矛盾"到"学训互促"的转变。

（三）辅助者分析

"学训矛盾"在很多参与校园足球训练的学生家长心中根深蒂固，大部分家长认为自己孩子文化课学习天赋不高，没能在学业成绩上取得令人满意的成就，只好来参加足球训练，想通过参与足球训练来取得运动员等级证书，最终凭借证书顺利考取大学。他们不认为参与足球训练能提升学生的文化课成绩，也不认可学生的文化课成绩提高可以提升学生的训练效率，他们只想自己孩子花费更多的时间进行足球训练，把足球练好以帮助其考上大学，即存在明显的功利心。

这些家长中的大多数是自己在小时候学习成绩不理想，当自己的孩子一旦在学习上没有表现出较高天赋时，就容易给自己的孩子打上遗传基因不好、学习天赋不高、难以取得较高成绩的标签。

如果家长有学习和训练难以兼顾的想法，就会影响到学生，学生也就难以产生将学习和训练都搞好的意愿，这就体现出了"学训矛盾"，而少数的家长是相信体育和智育是可以双优的，也就形成了体智双优的学生。现实中很难说清是想法产生了现实，还是现实产生了想法，但好的想法还有产生好的结果的希望，而否定的想法，则难以产生积极的现实。所以，校园足球中家长的观念转变也是至关重要的。

（四）受教育者分析

影响校园足球"学训矛盾"的受教育者，主要是指参与校园足球训练的学生。当前参与足球训练的学生大多是家长感觉自己孩子学习难以学好，而找另外一条路来试一试看，很少是真正喜欢足球而进入到校园足球训练中的。也就是说进入校园足球训练之前，这部分学生的学业成绩就已经不被有高的期望了。而低期望视角下的学生，的确也在向学业成绩低的道路上走。当前参与校园足球的大部分学生文化课学习成绩不好，学习意愿不高，学习态度也不端正，课余时间玩手机也在多数，给人以被足球训练所害而不好好学习的假象。

参与校园足球训练的学生，大多学业成绩一般，这是因为他们受到较低的学业期望，而不是本身真正出了问题，问题的根源在家长和教师、教练。无论是家长，还是教师和教练都没有给这些孩子提供一个成为体智双优的人的土壤，都是先天地认为这部分学生只能在足球训练上寻找出路，都是没有看到结果，就已经放弃他们的学业。当然参与校园足球训练的学生中也有清流，达到了体智双优，但那些只是少数，而不被认为有普遍意义。所以，参与足球训练的学生大多数在家长、教师与教练的期望中，成为学业低下的人。作为参与足球训练的学生本无"学训矛盾"的观念，但在相关主体的影响下也产生了这种观念，而在这种观念下，实现了自身的"学训矛盾"。

第三节 "学训矛盾"生态学解决

通过对校园足球"学训矛盾"的生态环境和生态主体分析，对校园足球"学训矛盾"有了不一样的认识。而要真正解决"学训矛盾"问题，还需要对文化课学习与校园足球训练的关系从生态学角度进一步分析。

一、文化课学习与校园足球训练的关系

文化课学习与校园足球中的训练皆是教育大生态系统的小系统，两个小系统共生于教育大生态系统，通过学生这一生态主体，产生相互依存、相互影响的复杂关系。从教育目的是培养体、智、体、美、劳全面发展的人来看，文化课学习与校园足球训练应当是和谐共生关系，而不是相互竞争关系，但从获取学生的时间与精神来看，二者之间又存在一定的竞争关系。正确认识文化课学习与校园足球的关系对解决校园足球"学训矛盾"意义重大。

校园足球的"学训矛盾"，只看到了学习与训练在学生的时间与精力上竞争关系，没有看到学习与训练也存在紧密的相互促进关系。文化课传统的教学方式主要是灌输式学习，培养的是记忆、理解与应用这样的低阶思维；相应的体育训练是"跟我练"的模式，也是培养的低阶思维。在低阶思维上文化课学习和校园足球训练相互之间影响基本没有，记忆、理解和应用是不同的知识。但当前社会的发展对文化课教学和校园足球训练提出了新的期望，期望教育在培养学生低阶能力的基础上，大力培养学生的高阶能力，让更多的创新型人才涌现。而在高阶能力的培养上，文化课学习和校园足球训练是相通的、相互促进的，因为高阶能力与具体知识分离度更大，迁移性更强，无论是在文化课上还是在校园足球训练中所获得高阶能力，都会对另一方高阶能力的培养产生极大的益处，也就是说从高阶能力培养角度看文化课学习与校园足球训练之间存在相互促进的关系。

文化课学习与校园足球训练不仅在高阶能力培养上有着相互促进的关系，在生理和心理层面也有着相互促进关系。运动不仅可以健身，更可以健脑，运动让

孩子更聪明。当前足球运动训练科学也已经认识到了学生智力水平和文化水平的会影响到学生足球技能掌握，尤其是影响运动员在赛场上的发挥。这两方面的研究都表明文化课学习与校园足球训练之间存在相互促进关系。我国古人治学讲究"读万卷书，行万里路"，校园足球的学生运动员经常到外地参与训练和比赛，就是在行万里路，在提高学生足球技能的同时，对学生见识、经验和社交能力的提升都是显著的，还会促进学生读好万卷书，这是校园足球中"学训互促"的又一个证据。校园足球中文化课学习与足球训练相互促进也有国内实践证据，辽宁省法库县卧牛石小学五年级班主任薛宁老师说："一开始的确曾担心学生踢足球会影响学习。但事实已经表明，踢足球不仅丰富了学生的体育活动，还能缓解学生的学习压力，提高学习质量，两者不仅不矛盾还会相互促进。"

二、校园足球中"学训矛盾"的解决途径

校园足球"学训矛盾"问题之所以存在，是因为校园足球所在的生态环境出现了问题，而生态环境的问题在社会生态中则大多是由生态主体的观念和行为所导致。因此，解决校园足球"学训矛盾"问题，从生态学角度出发，就是通过改变校园足球各生态主体的观念和行为，进而改善校园足球的生态环境，以"学训互促"来达成对"学训矛盾"的消解。

（一）管理者要努力营造"学训互促"的政策环境和舆论环境

1. 管理者要努力营造"学训互促"的政策环境

当前我国正在推进体智融合教育，下决心改变运动员培养过程中不重视文化课学习的现象，最新的高水平运动员招生政策是自2024年起，将985高校的高水平运动员招生的文化课门槛，提升到了省本科线水平。这应当说是一大进步，但这样的进步还需要相应的配套政策进行支持。相应的政策就是将学生从题海战术和过度训练中解放出来的政策，只有这样的政策才能培养出更多体智双优的学生。

当前正在推进的"双减"政策和课后延时服务，是改变"学训矛盾"的契机。政策指出体育活动是课后延时服务的主要内容，也可进一步将校园足球训练作为

课后延时服务的一个可选项，而且规定中小学不同学段的校园足球训练时长，从政策层面控制住校园足球中过度训练的现象，促使教练想办法提高训练效率。而在课后延时服务时间组织学生运动员进行训练则可以避免学生因训练缺课的现象，从而使学生学业也有好的发展基础。另外，还要从政策层面控制题海战术，规定好教师留作业的数量，给予学生根据自身情况决定是否完成作业的权利，让学生更主动、更有效地学习，让学生有精力、有时间去从事校园足球训练。

2. 管理者要努力营造"学训互促"的舆论环境

社会上之所以有"学训矛盾"的流行观念，是因为人们所认识到或接触到的大部分学生运动员确实没有做到学习与训练皆优。国内并不是没有学生运动员能做到学习与训练双优，但这些学生往往只是少数。管理者知道是可以做到"学训互促"的，也知道国内一些学生运动员能做好双优并不是因为天赋异禀，而因为认识和方法正确，同时因为眼界开阔也知晓一些国外学校体育中运动员大多做到了体育训练与文化课学生皆有较高水准的事实，所以推出了高水平运动员招生提高文化课学业水平的政策。但是普通大众并没有这样的眼界和经验，需要大众传媒的大力宣传才能认识到参与校园足球训练并不是天然的和文化课学习会产生矛盾，才能避免为了怕影响孩子学习而不让孩子参与校园足球的现象。

除了利用大众传媒，管理者也可以将"学训互保"的理念融入到校园足球发展的每一个环节。比如校园足球的一些大型赛事和训练营应当融入一些促进学生运动员文化课学习的环节，比赛过程中或训练营中可以征集体智双优的案例，并进行现场和线上分享，让体智双优的学生运动员成为学生运动员中的榜样并突显出来，以发挥他们的带动作用，形成力争足球训练与文化课学习协同提高的风气与氛围，这样的比赛才是校园足球的比赛，才是促进学生全面发展的比赛。

运动能促进大脑发育，学校体育对促进全面育人意义重大，得到了国家的肯定，促进学校体育发展的政策也很多，但体育对文化课学习的重大意义却尚不能被大众广泛接受，这应当说是宣传还没有做到位。管理者应当在宣传上做出安排，让社会舆论环境对相信学生运动员可以做到足球训练与文化课学习双优，让认为参与足球训练就必然导致文化课学习不好，或想搞好文化课学习就会影响足球训练的观念没有生存的空间。

（二）教育者要努力营造"学训互促"的理论环境和实践环境

1. 教育者要努力营造"学训互促"的理论环境

目前看，国外学者对运动和学习关系的研究较多，成果也较为丰富，而国内则显得略为单薄。国外的相关研究源于国外的社会环境和教育环境，与我国的实际社会环境和教育环境有一定的区别，这也导致了国外的理论并没有得到大多数学校的认可和运用。当前校园足球"学训矛盾"是产生于我国具体的社会和教育环境之中的，是需要教育理论工作者和实践者共同努力去解决的问题。教育者应当努力创新适合我国国情的校园足球训练理论和高效的教育教学理论，只有在新训练和教学理念的指导下，我国校园足球"学训矛盾"才有解决的可能。

教育者要从理论上进一步明确什么是校园足球人才。从国家高水平运动员招生政策中和校园足球相关政策中皆可以看出，国家对校园足球人才的定义是即具有高水平足球技能又有较高文化课学业水平的人。校园足球运动员不是传统三级训练网中的足球运动员，不能受传统专业运动员普遍文化水平不高的影响。真正优秀的运动员是自律性强的人，自律性强的学生应当能在校园足球环境下搞好文化学习，一个不能正确处理时间，协调学习与训练的学生，不是真正的校园足球人才。明确什么是校园足球真正人才，能让教练、家长和学生运动员认识到参与足球训练的学生文化课成绩不好并不是正常的、合理的，而是努力不够、方法错误。从而增加他们力争体智双优的决心。

教育研究者需要从生态的视角去研究足球训练和文化课学习的关系，从理论上说明足球训练和文化课学习之间不仅在时间上有竞争关系，更在效果上有相互促进的关系；从理论上解决如何协同提升足球训练效率和文化课学习效率问题；从理论上探讨如何建立促进学生体智双优发展的制度保障和运行机制；从理论上探讨如何协调家校的共同力量，促进学生全面发展。生态的视角是整体的视角、全局的视角，从生态视角研究足球训练与文化课学习的关系就要跳出体育与智育的圈子，将体育与智育的关系放在更为广阔的空间来考察。例如，结合德育来探讨体育和智育的关系，无论是体育还是智育，皆应当以德育为先，只有在德育的基础上，体育和智育才能真正和谐共生，才能消解矛盾，促进合作。德育不仅体现在学生身上，还在管理者、教育者身上。管理者和教育者有德才能突破应试教育限制，突破各自为战的现状，才能真正树立以人为本的教育理念，才能真正将促进学生全面发展作为自己的追求。学生者有德，才能对自己提出更高要求，才能努力达到全面发展，才能更自律，才能在训练与学习上更自觉、更主动，进而更有效率学习与训练，真正达成体智双优。

2. 教育者要努力营造"学训互促"的实践环境

教育实践者要摒弃学生在校园足球训练和文化课学习上只能一头好的陈旧观念，在实践层面积极探索协同促进校园足球训练与文化课学习的方式方法。校园足球教练和文化课教师要更加主动的、全面的、多层次的沟通与交流，协同处理学生在校园足球训练和文化课学习所面临的困境，共同探讨具体学生的以训练促学习，以学习促训练的具体问题。例如一些文化课学习成绩本来不好，学习态度也不够端正的学生，却特别喜欢足球，加入到了学生运动员群体中，这时教练可针对具体情况，提出相应文化课学习的具体要求，从而促进其努力学好文化课的态度。如果这些学生学习足球特别快，足球运动技能得到了快速提高，那他必然会获得学习足球技能的自信心，教练和文化课教师也可利用这种学习自信心的提高，来发掘对文化课学习的促进作用，反之亦然。

"学训矛盾"之所以成为普遍的观念，是因为实践层面有更多的学生个体表现。只有在实践层面有更多的学生个体达到了"学训互促"，理论界才会有更多研究样本，更多经验可供研究，"学训互促"理论才会得到实践的支持而更有说服力，才会有更多家长、老师、校长和学生相信体智双优，校园足球训练才会得到更多家长和学校的支持，校园足球全面育人的理念才得以实现。当大部分学校的足球校队成员都是学习好的学生时，校园足球中"学训矛盾"的观念就会自动破除。

（三）家长要努力营造"学训互促"的信任环境和支持环境

家长要转变功利化的观念，在自己孩子的校园足球训练和文化课学习中少一点功利心。要让孩子明白家长支持参与校园足球训练并不是一定要在升学中有用，是因为孩子喜欢足球，是为了孩子的全面发展，健康成长，要让孩子遵循自己内心的想法，去决定是否从事校园足球训练。这样的孩子才能在训练中主动而积极，才能提高训练效率，才能学好文化课。

家长要相信参与校园足球训练和提高文化课成绩并不矛盾，自己的孩子可以学好文化课，即使没有学好文化课也不一定是参与校园足球训练造成的，文化课成绩差和参与校园足球训练之间并没有直接关系。只有这样，才不会给学生不努力学习文化课找借口。另外，家长要清楚地看待孩子的天赋，顺从孩子的自然本性，足球方面强一点，文化课学习弱一点，或者文化课成绩强一点，体育弱一点皆是正常，而不是传统意义上"学训矛盾"的表现。让孩子遵从内心，才能让孩子更主动、更幸福。校园足球训练中的学生应当是真正喜欢足球的学生，而不是被家长逼迫，或迫于升学压力来训练的学生。只有这样，传统意义上"学训矛盾"才有望解决。

在校园足球生态系统中，管理者、教育者、家长的观念和行为转变会产生整体效应，进而带动学生观念和行为的转变，实现学生文化课学习与校园足球训练的双赢。当前在教育生态系统发展阶段，校园足球中"学训矛盾"是显性的，占主导的，而"学训互促"则是具有理论和实践可能，却暂时隐藏在冰山之下。随着教学生态系统的不断向前演化，校园足球中"学训互促"必将代替"学训矛盾"。

第九章　校园足球区域生态

　　实践一刻也离不开理论的指导。否则，实践的发展就会成为盲目的发展，就会失去发展的正确方向。校园足球的生态理论构建可以加深对校园足球发展的认识，加快校园足球发展的步伐。本章以校园足球的生态理论为基础，以辽宁省法库县的校园足球为具体研究对象，从区域生态学的视角对县域校园足球的发展状况与个案展开研究，对其中生态因素进行分析，为县域校园足球的发展提供新的视角和方法。

第一节　辽宁法库县校园足球区域生态

2012年，法库县委、县政府提出了建设"足球之乡、小提琴之乡、山水画之乡"，创建体育文化强县的目标，历经十年的快速发展，"足球从娃娃抓起，让孩子只要会走路就会踢足球"早已成为法库县人的共识，并在法库全社会形成合力，共同推进向前发展，取得了长足进步和可喜成绩。2015年，法库县被教育部遴选为全国首批青少年校园足球试点县。2017年，全国青少年校园足球"满天星"训练营落户法库县。2021年，获得全国县域足球典型县。截至目前，法库县28所中小学全部获批"全国青少年校园足球特色学校"，5所幼儿园被评为"全国足球特色幼儿园"，在省市各级校园足球比赛中，中小学男子组和女子组多次荣获冠、亚军等优异成绩，并向外输出足球运动员20余名，让100余名足球特长生实现了大学梦。法库县校园足球工作受到了众多媒体的关注，《人民日报》、新华网、中国教育电视台、《中国教师报》《沈阳日报》等多家媒体对该县的校园足球工作进行了采访和报道。法库县校园足球取得进步，已经进入了良性循环，形成了良好的校园足球生态环境。

一、管理者重视，营造了良好的政策环境和物质环境

（一）法库的内外部社会环境促成了建设"足球之乡"的想法

2012年法库县提出要建设"足球之乡"，而要建设"足球之乡"必然缺少不了校园足球的发展，法库县的校园足球正是在县委、县政府推动下，自上而下开展的，那么法库县为什么要推动校园足球，是什么因素促进他们建设足球之乡，这背后必然有理由。

从外部环境看，国家日益重视足球运动的发展，毕竟足球是深受我国人民广泛喜爱的体育运动。体育得到了党中央和国务院的高度重视，而振兴足球作为发展体育运动、建设体育强国的重要任务也摆上了日程。正是在这样的趋势

下，法库县委、县政府产生了建设"足球之乡"的想法。有国家政策的支持，使法库建设"足球之乡"有坚实的政策基础，良好的政治站位，扫除了发展的障碍。

从内部环境看，法库县有发展的想法和良好体育基础。在法库县社会经济发展的过程中，法库县委、县政府认识到了"品牌兴县"的重要性，法库县急需要创建一个在全国能叫响的品牌，将全国视野向法库县聚焦，将法库县人民的凝聚力进一步增强，提升法库县人民的自豪感，为法库县更好的发展提供助力。法库县有良好的体育基础，竞技体育有竞走奥运冠军陈跃玲和国家女子柔道队前总教练刘永福等。这些为法库县在体育发展上营造了良好的氛围和群众基础。与此同时，群众体育也蓬勃发展，法库县曾获"辽宁省群众体育先进县"称号。再加上法库县人民对足球的热情，使法库县推动建设"足球之乡"有坚实的群众基础。正是由于进一步发展法库的想法和法库县的既有优势，使法库建设"足球之乡"成为法库县全县的大事，也使法库县校园足球的发展有了良好的支持环境。

（二）法库县的教育改革为校园足球的发展提供了良好契机

法库县重视基础教育，努力提升法库县基础教育的水平。进入 21 世纪以来，法库县根据国家和辽宁省的教育指向，不断深化基础教育改革，积极探索实现教育均衡、优质发展的新思路、新举措。2012 年开始实施农村初中集中进城办学工程，于 2013 年 9 月建设成东湖中学城，实现了全县初中生全部进城读书。东湖中学城在建设之初，正是法库县提出建设"足球之乡"的时间，因此建设了三片高标准的足球场地，为东湖中学的校园足球发展提供了良好的场地资源。

正是因为法库县实施的农村初中进城工程，使原来的一些乡镇小学获得更为广阔的校园，使乡镇小学建设足球场地不再受到校园狭小的制约。正是因为有良好的场地基础，法库县才有推进校园足球的底气。到目前为止，法库县中小学已经建成了 80 多块人造草皮足球场，极大地支持了法库县校园足球的发展。应该说，校园足球发展的大好契机，才使得法库县的校园足球发展拥有了一个广阔的天地。

（三）干实事、有追求的管理者促进了法库县校园足球发展

法库县建设"足球之乡"没有停留在口号层面，而是真抓实干。发展校园足球首先要解决场地问题，县委、县政府优先考虑校园足球场地建设投入，自2012年提出要建设"足球之乡"，仅仅用两年多时间就将全县28所中小学的土操场全部改造成为人造草皮球场，在沈阳市率先实现了全区覆盖。此外，为了提高学生和家长对足球训练的积极性，法库县还出台了给予参加校园足球训练的学生减免伙食费的优惠政策。

有了场地是远远不够的，任何事业的发展关键在人，在于人才。当时法库县的校园足球还缺少人力，全县没有一名足球专业教练。县委、县政府和县教育局接洽了沈阳体育学院，法库县与沈阳体育学院从2013年合作至今，已经有500多名足球专业大学生到法库顶岗实习教授足球，而且法库县在教师招聘上向足球教师倾斜，吸引了数十名足球专业大学生毕业后进入法库中小学执教，彻底解决了足球教师的短缺问题。法库县重视对足球教师的培训，采取了走出去和引进来的办法，有多名教师赴海外足球发达国家学习，还成功吸引了李应发、肇俊哲、孙葆洁等足球名宿、知名教练、国际级裁判多次到法库县进行现场指导，促进了法库足球教师和教练的整体水平的提高，为法库县校园足球可持续发展打下坚实基础。

有了场地和教练，法库县在培养校园足球精英人才方面才更有底气、更加投入。法库县积极进行"满天星"训练营及分营建设，成立了高、初、小、幼等分营，辐射全县中小学校、幼儿园，利用寒暑假开展足球集训活动。完善小学、初中、高中"三级联赛"平台建设，先后举办县级联赛12次，承办省级高中联赛1次。努力打造各个年龄段精英队伍，积极参加沈阳市、辽宁省、全国级别精英赛和邀请赛。此外，还邀请韩国、日本等国家的小球员到法库县来互动交流，开阔了法库县小球员的视野和见识。

法库县还积极培育校园足球文化，努力营造浓厚足球氛围。推动各学校在教学楼走廊布置足球文化墙，展示足球题材作品；推动各校开展校园足球歌曲征集、演讲、征文、书画、摄影、知识竞赛、足球操表演、足球手抄报等活动，丰富足

球文化。为更好地宣传校园足球,法库县建立了"沈阳法库校园足球网站",推动县广播电视台、县报等县级全媒体平台开辟足球专栏,常年宣传足球文化,形成良好的足球氛围。

发展校园足球在法库县也不是一帆风顺的,在建设之初也有一些不同声音,尤其是怕开展校园足球影响育人。好在法库校园足球管理者有着明晰的想法和正确的追求。法库县委、县政府指出,法库县立足校园足球,建设足球之乡,目的绝不是搞一支光鲜的职业球队,而是让学校的体育教育有抓手,希望孩子们以足球为载体强健体魄、磨炼意志、开阔视野。县教育局提出了以"以球启德、以球健体、以球促智、以球兴县"的理念,将校园足球作为育人的重要方法,其实施目标是减少孩子们看手机、看电脑的时间,在带给学生健康体魄的同时,让孩子们懂得团结协作、勇于担当的重要性,使足球课成为学校育人的"第二课堂"。时任法库县教育局局长还面对各校对发展校园足球心存疑虑的现象,带头去做校长的思想工作,然后校长又去做老师的思想工作,从而使校园足球的发展成了法库县教育界的共识。

(四)已有成绩成了法库县校园足球进一步发展的良好生态环境

法库县校园足球的发展已经成了法库教育的名片,在宣传法库教育上作出了重大贡献,提升了法库县教育界和全县人民的凝聚力和精气神,使管理者更加有信心和干劲投入到校园足球建设中。

法库县校园足球的发展良好受到了多家国家级和省级媒体的关注和报道。正是因为法库县校园足球发展良好,才会引起广泛关注和报道,才会得到国家、省市主管部门的认可,才会先后被评为全国校园足球试点县和全国县域足球典型县,才会在法库县召开全国和全省的校园足球现场会。国家与省市的认可及媒体的报道除了带给法库县足球更多的信心和决心,也会带来更多支持,从而使法库县足球进一步发展的道路更为宽阔。

通过10年的校园足球发展,法库县校园足球中涌现出越来越多的足球学习与训练对学生品德、性格与行为的良好影响,进而对学生学习的促进案例,使校长、教师和家长对校园足球产生了积极的观念变化,不再抵触校园足球,反而成了校园足球了积极支持者。法库县的校园足球发展也对学生的发展取得了实质的成效，法库县已有近百名高中毕业生通过足球特长升入本科体育类院校，近20名学生足球运动员进入职业俱乐部、市队、省队，乃至国字号梯队，这吸引更多的学生参与校园足球训练。法库县的校园足球发展还对足球教师发展产生了积极影响，法库县校园足球教师已有1人被评为国家级优秀教师，1人被评为省级优秀教师，7人被评为市级骨干教师，这无疑会加大法库足球教师的干劲儿。正是法库县校园足球发展得卓有成效，才会真正改变了人们的观念，真正让校园足球的育人价值展现在人们面前，受到越来越多的支持，因自身良好的发展，进而成为自身进一步发展的良好生态环境。

二、教育者敬业，创造了良好的"学训"环境

（一）法库县有上心足球事业的本土体育教师

2012年之前，法库县就有体育教师开始了校园足球工作，其中有代表性是卧牛石小学体育教师沈老师。沈老师自己喜欢足球，又受到了国家发展校园足球的号召，想通过足球来提高孩子们的身体素质，在法库县提出建设"足球之乡"之前，就已经将足球引进到了卧牛石小学的体育课，也开始了带领学生进行足球训练的活动。

沈老师对足球的喜欢是发自内心的，当时法库县校园足球还没有正式展开，开展校园足球的环境还不友好，是沈老师突破各种阻碍和困难，将足球这项运动带到了卧牛石小学。沈老师带领学生们进行足球教学和训练，起初并没有想到会有什么成果，只是出于对孩子们的关爱和实现自己的职业价值出发，努力地在进行校园足球的尝试。好在这种尝试得到了学校管理者的认可，到2012年法库县提出发展"足球之乡"之后，则获得了更好的发展，也结出了发展的果实。2013年在法库县建设"足球之乡"的背景下，足球课全面进入法库县中小学课堂，并且有了全县规模的校园足球联赛，而率先实施校园足球的卧牛石小学则连续取得了冠军。

正是因为有热心足球事业的本土体育教师，才会在法库县校园足球发展的起始阶段给人们以发展的标杆和榜样，让人们看到校园足球能给学生和学校带来的变化，让人们从实践中看到校园足球的价值，从而促进了法库县校园足球的持续发展。

（二）法库县吸引了热心足球事业的外部专家

法库县的校园足球发展离不开管理者的高瞻远瞩，更离不开受到法库县校园足球发展决心和付出的感召而投入到法库县校园足球发展中的外部专家。

率先和法库县进行合作的是沈阳体育学院。沈阳体育学院的赵厚华教授，以极大的热情投入到法库县校园足球建设过程中，作为国内资深足球教练和裁判员，赵教授在校园足球发展方面有自己的想法、见解和经验，也有促进校园足球发展的意愿和职业使命，看到法库县校园足球的发展理念和倾情投入后，积极投入到促进法库县校园足球发展的事业中，多次赴法库县各学校进行经验传授和技战术指导，不仅培训法县库的体育教师，还亲身指导学生。

随着法库县校园足球的发展，有更多的国内专家关注到了法库县。李应发、肇俊哲、董礼强、孙葆洁等足球名宿、知名教练、国际级裁判曾多次到法库县进行现场指导。他们都是热心足球的专家，他们感受到了法库县校园足球发展的春风，也想为法库县校园足球及至全国的校园足球发展出自己的一份力。他们的付出对法库县校园足球的发展很有促进作用，他们除了带来了足球教学与训练的经验和方法，更开拓了法库校园足球的视野和见识。

法库县实施"足球之乡"建设后，当地的足球氛围越来越好。不仅吸引了国内的专家，还得到外籍专家的认可和支持。阿根廷外教莱昂德罗2018年受教育部派遣来到法库"满天星"足球训练营执教，曾在北京、上海和长春三地执教的他在2020年主动续约，要求继续留在法库县教球。他指出法库县的足球氛围非常浓厚，学生们喜欢足球，家长、老师支持孩子踢球，而这恰恰是发展足球最需要的土壤。他希望能利用五六年的时间，把现在带领的这批好苗子培养成才，看着他们取得更大的成就。他不仅认真完成教育部指定训练营的训练工作，还经常到各学校进行实地指导,将自己对足球热情和经验带给更多的教师和学生。

(三)法库县与沈阳体育学院开展合作

随着法库县"足球之乡"建设的推进,法库县中小学的足球场地越修越好,参与校园足球的孩子越来越多,但当时法库县专业足球老师特别缺少。为了解决这一问题,法库县和沈阳体育学院展开了合作,沈阳体育学院十分支持法库县的校园足球工作,到2021年已经派出了500多名足球专业的大学生到法库县顶岗实习,很好地解决了校园足球教师和教练短缺问题。如果没有这500多名足球专业大学生的辛劳付出,法库校园足球难以如此迅速地走上发展的快车道。

部分优秀的足球专业大学生被法库校园足球发展的良好生态环境所吸引,有大学生实习教师说,大学三年级刚到法库中学实习的时候,就被这里出色的足球训练条件所震惊,没想到一个县城的中学,能有三块标准人造草皮球场,男女生在体育课上都踢足球。正是法库县所营造的良好足球生态,法库县孩子对足球的执着和努力,让毕业生感到在法库县有施展自己足球抱负的空间,再加上法库县老师招聘对足球专业学生的倾斜,让几十名优秀的足球专业毕业生,加入法库县体育教师队伍,成为法库县校园足球发展的主力军。在这些足球专业教师带领下,法库县足球进步更快,除了卧牛石小学女足已经拿到市级以上冠军12次外,2020年东湖三中足球队历史上首次获得沈阳市校园足球联赛初中男子组冠军。

(四)法库县拥有了一批热爱足球的班主任

和全国其他地区相似,法库县校园足球推进之初,大部分班主任并不支持自己班的学生参与校园足球训练,怕影响班级学生的学习成绩。但是在县委、县政府和教育局的宣传推动下,在校长的支持、鼓励下,法库县中小学的班主任慢慢转变了态度,开始选择支持本班学生在自愿的基础上,参加学校的足球训练和外面的足球训练活动。法库县的校园足球是以育人为第一目标的足球,这是法库县的共识,正是基于这一共识,法库县的足球教师和教练才会在教学和训练上更注重对足球教育价值的开发,才会不断出现"以球启德、以球促学"的案例出现。看到校园足球在全面育人方面的作用,才真正将班主任的观念转变过来,现在可以说法库县已经拥有了一批热爱足球的班主任，这成为法库县校园足球发展的另一大助力。

三、家长观念转变，为法库校园足球提供了良好的支持环境

　　法库县的学生家长和全国的家长一样，并不是所有的家长都支持自己孩子参加校园足球训练，甚至大部分家长都反对自己的孩子参加足球训练，背后的原因很简单，就是怕自己的孩子将来学习不好，上不了大学。家长的不支持是全国校园足球发展遇到的通病，并不是法库县所独有。法库县没有倒在这一阻碍下，而是通过宣传和实效转变了家长的观念，让家长从校园足球的反对者变成了校园足球的支持者。

　　县委、县政府及教育局，全方面、多层次在法库县宣传校园足球的育人理念，为家长明示法库县校园足球发展的方向是全面育人，并不会影响学生的学习，甚至会促进学生的学习。而只有宣传是不够的，在发展的过程，法库县的足球教师和教练带出了越来越多德、智、体全面发展的学生，完全消除了家长的担忧。并且有的家长自己喜爱足球，通过与孩子一起谈论和练习足球，增强了亲子关系。通过以上种种，现今法库县的大部分家长已经认识到校园足球的价值，而成了校园足球坚定支持者。

四、学生喜欢和努力，为法库县校园足球提供了良好动力环境

　　法库县的学生大部分是农村学生，在广阔的田地里他们发展了较好的身体素质，也继承了父辈吃苦耐劳的精神，为参与校园足球学习和训练打下了良好的身体和心理基础。阿根廷外教莱昂德罗之所以愿意在法库县教授足球，正是被法库孩子们吃苦耐劳、肯学肯练的劲头和良好的身体素质所打动。因为身体素质好，所以才会更喜欢体育运动，而足球又是一个有魅力的运动项目，受到法库县学生的喜欢不足为奇。再加上良好的足球学习与训练态度，使他们能快速取得进步，获得成绩。而技能的进步和成绩的获得又能给他们带来极大的喜悦，促使他们更加投入到足球中，从而形成了良好的参与意愿。

法库县校园足球的发展离不开校园足球各生态主体的努力和付出，正是各生态主体的努力和付出，才创造了校园足球发展的良好生态环境，而这样的生态环境反过来会更加促进生态主体的努力和付出，使校园足球进入良性循环的发展轨道。通过法库县校园足球的发展可以看到，作为生态主体的管理者作用极其重要，是校园足球良性生态环境建设的主要推动者和实现者。

第二节　辽宁法库县校园足球生态个案

法库县区域校园足球生态环境的形成，造就了一个个鲜明的校园足球发展个案，对这些个案的探讨，能使法库县校园足球区域生态的认识更为丰富和深入。

一、法库县校园足球学校个案

法库县校园足球学校个案在此选择法库县卧牛石小学，因为卧牛石小学是法库县最早开展校园足球的学校，也是成绩最为优异的学校，至今为止卧牛石小学女足队已经拿到市级以上冠军12次。目前，卧牛石小学作为沈阳市校园足球重点校、辽宁省体育项目传统校、全国校园足球特色校，已经形成了"人人能踢球，班班有球队，周周有比赛，提高学生全面素质，培养全面发展人才"的校园足球发展模式。

（一）卧牛石小学校园足球的发展有较好的场地设施

法库县卧牛石小学始建于1946年，原来是一所九年一贯制学校，2013年在推进法库所有农村初中全部进城的背景下，如今只剩下卧牛石小学，在空间上为卧牛石小学的校园足球发展提供更好的条件，操场相对更大了，人均场地也更为充足。在法库县大力建设"足球之乡"的大环境下，在校领导的积极争取下，学校将原先的土操场改建成为两块标准的人工草皮5人制足球场，使学校的足球教学与训练环境更加适宜。卧牛石小学的足球器材既有法库县教育局分发的，也有部分是爱心人士和企业赞助的，已经达到学生每人一球，可以满足学生学练要求，同时学校还购置了大量的学生训练服装，能很好地支撑日常足球训练与比赛工作的开展。当前卧牛石小学足球场地能达到人均几十平方米，这是大多数城市小学所不可想象的，也是卧牛石小学能很好开展校园足球的良好生态基础。

（二）卧牛石小学校园足球有热爱足球的体育教师和校领导

卧牛石小学之所以在法库县率先走上校园足球的发展道路，是因为有热爱足球的体育教师。在法库县其他中小学还没有搞校园足球之前，卧牛石小学的沈老师因为喜欢足球，就已经开始将足球引入到体育课中，并且已经开始组织学生进行足球训练。沈老师开展校园足球一开始也只是尝试，他看到国家出台了校园足球政策，自己又喜欢足球，因此在自己的体育课开展足球和课余带学生进行足球训练。随着法库县于2012年确立建设"足球之乡"的战略，法库县的校园足球比赛开始举办，为沈老师和他的学生提供了腾飞的契机，在夺得首届法库县小学女足联赛的冠军后，又连年夺冠。

卧牛石小学的校园足球的发展道路越来越宽广，是因为有真心育人的校领导。如果当时的学校领导不支持沈老师的工作，是不会同意沈老师开展足球训练的，也可能不会有后续的持续发展。和其他学校一样，卧牛石小学的校园足球发展之初也会受到家长和班主任的阻力，学生家长和班主任会担心学生参加足球训练会影响学习。这时候体育教师去做家长和班主任的工作会比较困难，而校领导出面则会好很多。卧牛石小学的校领导对校园足球认识比较深刻，有清晰的发展思路，认为足球教育可以立德树人，可以全面发展学生的身体素质，会促进学生的学习。校长会和班主任沟通学生运动员的学习与训练安排，会做班主任的思想工作，常把自己看到一些有关体育对学生有好处的资料，通过微信分享给班主任和其他文化课教师，让班主任和其他文化课教师对校园足球产生更深刻的理解，使他们也支持校园足球的发展。校长还会和参与足球训练的学生家长沟通，打消他们对孩子参与足球训练的安全和文化课成绩问题的顾虑。正是校领导从全面育人的角度出发，才造成了全校师生和家长对校园足球的支持。

卧牛石小学的校领导除了沟通班主任和家长，还对校园足球提供了更加有力的财力支持和政策支持。法库县一般的农村小学，体育经费占学校总体经费的10%左右，而卧牛石小学则投入了15%左右，这对于农村学校来说是非常大的投入。卧牛石小学对进入校队的学生执行减免午餐费的政策，还给进入校队的学生都上了意外伤害险。此外，卧牛石小学还在班级评比和教师考核上对校园足球给予政策倾斜，让重视校园足球的班主任老师和体育教师都能受到激励。

卧牛石小学体育教师在校领导的支持下，搭建了校园内部的教学和训练与比赛体系，正是成熟的体系产出了丰硕的成果。卧牛石小学所有班级每周都能有二三节足球课，踢得好的学生进入班级队，踢得更好的则进入年级队，而后再优秀的会进入校队，校队优秀成员再向上一级学校输送。卧牛石小学根据学生年龄开展足球教学活动，一、二年级注重趣味游戏，三、四年级重点提高运控球和传接球技术，五、六年级则开始培养队员的战术和意识。同时还编写了适合农村学生学情的足球校本教材，让教学与训练形成体系。

卧牛石小学校园足球的良好发展离不开体育教师的真心付出。卧牛石小学带足球队训练的体育教师更辛苦，学期中每天 6 点就要到校带队员进行训练，暑期还为学生开办为期 20 天的足球夏令营。出于对足球的热爱和自己职业价值的尊重，卧牛石小学的足球带队教师确实做到了任劳任怨。

（三）卧牛石小学校园足球的发展很好地解决了"学训矛盾"

卧牛石小学开展校园足球已经十余年，却没有一个学生的成绩因踢球而下降，并且全员学习成绩一直处于法库县前列，是一个很好解决校园足球"学训矛盾"的范例。学生学练足球不仅没有影响到学生的学习成绩，很多人还通过足球训练激发了更努力学习的动机。卧牛石小学五年级班主任薛老师一开始曾担心学生踢足球会影响学习，但事实改变了他的观念，现在他认为踢足球不仅丰富了学生的体育活动，还能缓解学生的学习压力，提高学习质量，两者不仅不矛盾，还会相互促进。这样的成功与这样的转变必有其生态因素。

首先是卧牛石小学的校领导对校园足球有先进的教育理念。他们认为足球在带给学生健康体魄的同时，更具有育人的载体作用，会带给学生健全的人格，养成健康和谐的生活方式。学生有了强健的体魄和健康的心理，可以打好学习的基础；学生在足球运动中养成的良好意志品质，能促进其智育的良好发展，达到"以球促智"。学习与踢球，是一张一弛，劳逸结合，参与足球让学生在运动中释放压力，使学生精力充沛，因此学习效率得以提高。

卧牛石小学的管理者和教育者努力探寻足球与各学科的互融、互补、互促。在语文学科中，通过"观球记""赞球星""足球报""足球小记者"等形式提高孩子的写作能力和语言表达能力。数学课上让同学们计算足球场面积、循环赛淘汰赛场次及得分、足球的构成等。英语课上通过各种足球英语教学情境，侧重读、听、写教学，使学生对英语学习充满兴趣。美术课上画足球比赛简笔画、手抄报、巧用游戏，寓教于乐，创设情境，激发对足球的兴趣。少年宫社团开展书法课写足球，摄影课拍摄足球等。正是这样的互融与互补，学生因对足球的喜爱，而在文化课上更为专注和用心，因参与足球活动而精力旺盛、思维敏捷，所以文化成绩也整体提高。

卧牛石小学制定相应规定和方法解决学生参加足球运动和学习之间的矛盾。对学生运动员实施成绩跟踪政策，教练员要时刻关注每个学生运动员文化课的成绩，将他们入队前和入队后每次考试成绩都进行记录和评估，学习成绩下降者，先警告并补救，如不能好转则停训，直到成绩恢复。对一般学生，将足球当成激励学生学习的工具，如果学生学习任务没有完成，则停止该学生参加足球活动。

（四）卧牛石小学校园足球的发展成果

卧牛石小学校园足球的发展成果主要有两个，一是校队成绩特别突出，二是达到了通过发展校园足球促进文化课学习。正是因为卧牛石小学发展校园足球的突出成果，使卧牛石小学在法库县突出出来，在全省成为知名小学，甚至在全国也有了一定声望。这给卧牛石小学的校园足球进一步发展带来了巨大助力。

卧牛石小学的校园足球发展吸引了一批足球专家的到来，得到了社会公益力量的支持。国脚张鹭和社会爱心人士善勇共同发起的"一鹭陪伴"公益团队，已经连续多年来到卧牛石小学，为这里的孩子上足球公益课并捐赠专业足球装备。沈阳盛杰足球俱乐部也来到卧牛石小学开展校园公益活动，进行了训练经验交流活动和捐赠了饮品。李应发、肇俊哲、董礼强、孙葆洁等足球名宿、知名教练、国际级裁判曾多次到卧牛石小学进行交流指导。外界的关注不仅使卧牛石小学校园足球获益，更振奋了人心，学校的教师和学生更有精气神了，更有自信了，更有凝聚力了，整个学校都充满了干劲儿。有这样的变化，校领导和老师就更有发展校园足球的动力了。

卧牛石小学校园足球的发展成果使家长看到了校园足球价值，更加支持校园足球。在卧牛石小学通过踢足球，孩子的快乐与进步，家长们看在眼里、喜在心里。有家长说："我的孩子身体比以前好多了，我能感受到他通过踢足球带来的快乐，学校开展校园足球，我们家长支持。"也有家长说："真不敢相信，我的孩子通过踢足球，学习成绩不仅没有下降还得到了提高。"

（五）卧牛石小学有肯吃苦训练的好学生

卧牛石小学足球队队员能够自觉地刻苦训练，他们营造了很好的训练氛围，这种刻苦训练的氛围不仅感动了老师和校领导，也感动了外界专家。卧牛石小学是地处东北的农村小学，在寒冷的冬季卧牛石小学仍能坚持在室外足球场训练，真的需要老师和队员付出极大的努力，当外界专家教练来到卧牛石小学在看到十来岁的小姑娘冻得鼻涕直流还在操场忘情奔跑时，怎能不被深深感动。

卧牛石小学为什么会有肯吃苦训练的好学生，这与学校领导和老师的辛勤培养有关，也与当地的社会经济情况相关。正是在校领导和老师的关怀和付出下，学生体会到了参与足球的乐趣和价值；正是因为大部分学生都是留守儿童，才更珍惜一起训练的团队友情。校园足球的出现应当说为留守儿童创造另外一种不一样的、积极向上的、充满温情和热情的生活，正是这样的感情让学生更加珍惜足球训练的机会和更加努力地投入到足球训练中。

二、法库县校园足球学生个案

在好的校园生态中，必然会出现好的校园足球学生个体案例。这些案例中一方面是校园生态良好的表现；另一方面又成为校园足球的土壤，使校园足球生态向更好的方向发展。以下的学生个案都是东湖中学的初中生，因为这个阶段通常是校园足球人才流失最严重的阶段，而在东湖中学不仅出现了升上初中后继续留在足球训练中的学生，也有上初中后才进入校园足球训练的学生，这些案例可以给其他学校开展校园足球训练活动提供一定借鉴。

（一）以球促学的个案

小金同学从小就喜欢足球，小学阶段参与过校园足球训练，学业成绩也好，以班级第一名的成绩升上初中。上初中后，面临还要不要继续参加校园足球训练的问题。小金同学个人特别喜欢足球，在上初中后仍想参与足球训练，不想放弃自己的兴趣，但随着课业负担的加大，并且周围人常说"你学习好，练足球影响学习就得不偿失了"，面对这种声音，小金同学产生了一些纠结和苦恼，也怕家长和老师尤其是班主任不同意。但小金感觉自己热爱的东西，能做好的东西，放弃实在不甘心，最后他还是决定坚持自己的兴趣爱好，也相信自己能处理好学习与训练的关系。

小金的家长起初有点不想让小金继续练足球了，主要是怕影响文化课学习，怕考不上大学。小金家是农村家庭，家长对其充满期望，希望小金能考上一所好的大学，有一个更好的未来。但是小金家长也知道孩子是真心喜欢足球，又想让孩子高高兴兴地成长，所以到底该不该让其练足球有些纠结。好在东湖中学的管理者和教育者对校园足球的认识清晰，对校园足球的价值有独特理解。东湖中学的校长认为，在东湖中学的学生大部分为寄宿制学生，在日复一日的文化课学习过程中，学生会感觉到压力较大，亦会产生情绪上烦躁和焦虑问题，而适时地开展足球课能缓冲学生的紧张烦躁情绪，使学生心情舒畅，能以更佳的身心状态投入到文化课学习中去，从而促进学生的学业成绩提高。小金的班主任认为，如果学生本身愿意去做这件事情，他一定会处理好这方面的关系，合理安排好自己的时间，如果有一个适当的兴趣爱好，反过来能作用于学习，使学习不再是枯燥乏味。正是在这样良好的校内足球环境下，再加上小金同学的坚持和对文化课学习的保证，小金家长也同意了小金同学参与校园足球训练。

小金参与校园足球训练后，一开始有个小考试有一点点退步，但随着小金同学对如何平衡训练与学习的适应，小金同学的成绩开始恢复，而且还出现了进一步的提升，这彻底打消了家长的顾虑。此外，小金的父亲也喜欢足球，也会踢足球，所以小金回家时会和父亲共同踢一会球，在踢球的同时小金的父亲顺便能和孩子有较好的沟通，能了解到孩子的心理变化，从而增强亲子关系，现在小金的家长已经十分支持小金踢足球了。

小金自己认为，踢足球虽然会使自己起得更早，但早上训练完成后，吃完早餐后会很清醒，上课都会保持一个很好的状态，学习上的压力也就迎刃而解了。目前小金已经成为校队队长和县队主力，正在学训双优的道路上奋勇前进。

（二）以球促德的个案

初中生正处于青春期，初中的生活，除了逐步增多的课业，还要面临成长带来的烦恼和困惑。小马同学原本成绩优异，但在成长过程中，在迷茫中变得不安分，成为老师眼中的问题少年，经常打架、欺负同学，让别人给她洗衣服。小马同学自己也不知道是如何变成这样的，就是感觉到自己特别容易冲动、脾气特别暴躁。

班主任看在眼里、急在心里，不想让原本优秀的学生变成问题学生，也去和小马同学沟通交流，但一直并没有好的效果。小马同学的身体素质较好，在学校的足球课上展现出了一定的天赋，体育教师和班主任沟通看看能不能让小马同学进队参加训练，想通过训练对小马同学产生改变。小马同学的班主任认为这是一种可行的方法，可以一试。小马同学参加足球训练之所以得到支持，是因为东湖中学的管理者和教育者认为，初中阶段的学生正处于青春期，精力充沛，叛逆心也较重，通过练足球，可以让学生有一种精力的释放、心理压力的释放，现在学生个人意识比较强，通过足球能锻炼学生的团队意识，实现立德树人的育人目标。

小马同学不仅身体素质较好，还有较强的好胜心。参与校园足球训练后，她的水平提高较快，在班级之间的"颠球大战"夺得了冠军。正是这一次夺冠的经历让小马同学找到了改变的契机，比赛中老师和同学们为她加油、助威，让她真真切切感觉到了集体的温暖，争得冠军荣耀的那份自豪让她感到了自我价值的实现。也许过去的叛逆是为了争得别人重视，想要受到别人的尊重，得到别人的友情，在校园足球中小马同学感觉到了真正地被重视，获得了真正的友情，有了受人认可的追求。有了追求，有了自尊，有了情绪突破口，那种通过打架、欺负同学来寻求认可的意识被消解，小马同学的青春期问题也得到了解决。

小马同学练足球后，因为热爱，所以认真，会主动去学去问。为了球队的胜利，队友之间的沟通和交流很重要，需要队友之间相互信任和默契，这进一步引导小马同学告别了叛逆，收获了同学的真正友谊。小马同学的班主任认为，小马同学踢球后，团队意识和责任感都加强了，第一知道不能再打架了，第二回到教室学习特别认真，成绩也有了较为理想的提升，小马同学也从问题学生重新转变成为德、智、体全面发展的好学生。

（三）以球促进健全人格的个案

东湖中学的管理者和教育者认为，校园足球是学校为实现立德树人的教育目标所搭建的一个很好平台。有了这样健康向上的平台，孩子们的身心就会有很好的发展。而小关同学就是东湖中学中这样一个在校园足球共同生活、共同进步，健康快乐成长而获得健全人格的例子。

青少年的可塑性极强，是人格健全成长的关键时期。小关同学上初中后，变得更加内向，不喜和同学们交流，孤独地生活在自己的世界里。小关同学的班主任关注到了小关同学在青春期的变化，不仅平常教学中注重，还经常对小关同学做一些心理的辅导，但很多时候收效甚微，好像走不进学生的心里。为了有意识地改变小关同学孤僻的性格，班主任让他担任班级的体育委员，希望通过体育活动来促进他与同学之间的交流，但对于性格被动的小关同学，虽略有改观，但仍没有达到转变的状况。

小关同学担任班级的体育委员后，体育教师对其关注更多，随着时间的推移体育教师认为小关有身高，反应比较灵敏，脑子比较灵活，适合足球守门员，将其招到足球队中，想利用足球这个活动来改变小关的性格，提升他的综合素质。进入足球队后，小关同学很快体验到了足球的乐趣，认为找到了一项适合自己的运动项目，激发起了努力学习足球的热情。为了学习好守门员技能，小关同学开始主动和老师交流，和队友交流，从一开始在场上默不作声，到场上开始指挥队友，场下也和队友交流场上发现的问题。随着小关同学足球技能的提高，小关同学感受到队友的信任和尊重，感受到了来自老师更大的期望，在和队友的交流中亦收获了友谊，而变得更加开朗了。

小关同学在足球技能提高的同时，学习成绩也有较大进步。小关同学的班主任认为，参加足球训练，需要体能，需要训练，累的时候，坚持不住的时候，要挺过去，这是一种意志力的培养，有了这种意识力，在学习上可能会有更深的领悟。小关同学的足球教练认为，参加足球训练，训练和学习在时间上会有冲突，需要把时间管制好，上课的时候要好好听课，集中注意力，提高学习效率，训练时要专注的训练。小关同学在足球和文化成绩上共同提高使他变得更加自信，现在脸上经常挂着自信的笑容，成了班主任眼中的阳光少年。

小关同学的班主任说：看到了小关同学变成了阳光向上的少年，之前不能想象他能在足球运动场上当个守门员，他能表现那么出色，内在的爆发力一下就表现出来了，让人觉得不可思议。

从自闭到自信，这是足球对一个孩子心理素质的改变，是校园足球促进学生健全人格的作用体现，对孩子的发展意义重大。

通过对以上学校和学生个案进行分析，可以看到在学校发展校园足球的重要价值，不仅体现在强健体魄上，更体现在以体促智、健全人格和立德树人上。而校园足球价值的实现需要有好的校园足球生态环境，需要管理者、教育者和家长们的共同付出和努力。

参考文献

[1] 杨献南，吴丽芳，李笋南.我国青少年校园足球特色学校管理的基本问题与策略选择[J].体育科学，2019，39（06）：3-12.

[2] 崔乐泉.中国校园足球发展的历史考察与经验启示[J].上海体育学院学报，2018，42（04）：12-18.

[3] 刘江河.校园足球生态化教育环境的构建[J].青少年体育，2017（05）：63，75.

[4] 曹宏俊.我国校园足球的现实困境与发展路径[J].体育文化导刊，2018（02）：115-118.

[5] 梁伟.校园足球可持续发展的系统分析与评价研究[D].上海：上海体育学院，2015.

[6] 陈星潭，康涛.中国与日本校园足球发展的比较研究[J].南京体育学院学报（社会科学版），2017，31（02）：70-75.

[7] 沈建敏，应孜，高鹏飞.校园足球发展的顶层设计与底层回应[J].北京体育大学学报，2017，40（04）：83-88.

[8] 黄杰.生态视域下校园足球对青少年发展的多维效用及发展路径探微[J].文体用品与科技，2022（11）：52-54.

[9] 王欣.我国青少年校园足球生态环境发展路径研究[J].盐城工学院学报（社会科学版），2021，34（02）：80-85.

[10] 朱晓俞.生态视域下昆明高校校园足球的发展路径研究[D].昆明：云南师范大学，2019.

[11] 董众鸣，柳志刚.上海市校园足球活动开展现状、存在的问题及建议[J].上

海体育学院学报，2015，39（04）：90-94.

[12] 张廷安.开展校园足球活动需要理念引领[J].北京体育大学学报，2015，38（08）：112-117.

[13] 吴雄文.开展校园足球活动的影响因素及对策研究[J].广州体育学院学报，2015，35（02）：113-116.

[14] 娄方平，向禹.校园足球实践发展审视：现象、成因与治理[J].武汉体育学院学报，2016，50（03）：96-100.

[15] 程隆，张忠.日本足球青训的发展及其启示[J].体育文化导刊，2014（07）：95-98.

[16] 陈军，李献青.我国校园足球发展的时代意义和战略构想[J].成都体育学院学报，2014，40（07）：81-85.

[17] 黄德沂，丘乐威，焦峪平.完善我国青少年校园足球培养体系的对策研究[J].体育文化导刊，2014（06）：124-127.

[18] 梁斌.英国校园足球启示：网络路径整合及多元资源配置[J].山东体育科技，2014，36（01）：105-108

[19] 侯学华，王彬，薛立，陈亚中，朱磊，高建强.校园足球核心价值体系构建[J].山东体育科技，2013，35（03）：86-91.

[20] 张洪瑞.探析校园足球可持续发展对中国足球的重要性[D].济南：山东大学，2013.

[21] 张沛锋.校园足球活动可持续发展研究[J].山东体育科技，2012，34（04）：82-86

[22] 李元，张生杰.中国青少年足球后备人才培养模式研究[J].体育文化导刊，2012（06）：82-85，96.

[23] 谭刚.日本青少年足球发展策略对中国足球发展的启示[J].南京体育学院学报（社会科学版），2012，26（01）：114-121.

[24] 任春刚.世界主要足球强国后备人才培养模式及启示[J].沈阳体育学院学报，2011，30（06）：117-120.

[25] 孙克诚，何志林，董众鸣.国外足球强国后备人才培养路径与启示[J].南京

体育学院学报（社会科学版），2011，25（05）：108-111

[26] 王炜华，王超，丁纯，等.校园足球现状及模式研究[J].运动，2011（11）：130-132，127.

[27] 张宇.西安市中小学校园足球发展现状与对策研究[D].西安：西安体育学院，2011.

[28] 刘玉兰.校园足球活动开展的可持续发展研究[J].四川职业技术学院学报，2011，21（02）：90-91.

[29] 上官义勤."校园足球"教学理念与训练实践[J].职业时空，2010，6（05）：151-153.

[30] 梁平安.多元化的校园足球竞赛体系构建[J].体育文化导刊，2016（04）：143-145.